KB048910

다음 세대를 생각하는
인문교양 시리즈

아우름 05

《Syugyouron》

배움은
어리석을수록 좋다

수업론:
난관을 돌파하는 몸과 마음의 자세

우치다 타츠루 지음 | 박재현 옮김

샘터

수업修業

기술이나 학업을 익히고 닦는 것.
또는
무엇을 배울지 모르는 상태에서, 무엇을 가르쳐 줄지 모르는 사람에게,
무엇인지 모르는 것을 배우는 것.

'나'라는 감옥에서 벗어나는 길

한국 독자 여러분, 안녕하세요. 우치다 타츠루입니다.《배움은 어리석을수록 좋다》를 구입해 주셔서 감사합니다.

원제목이《수업론修業論》인 이 책은 현대 일본에서는 꽤 '반시대적'인 책입니다. '시대착오적'이라고 평할 정도이지요. 그러나 그러한 책이 일본에서 꽤 팔린 것을 보면 그런 '반시대적'인 교육론에 대한 수요가 어느 정도는 존재한다고 볼 수 있겠지요. 일본의 경우, 학교 교육을 맡은 선생님들 사이에서 비교적 호평을 받았습니다.

한국에서도 그럴까요?

이어서 나올 본문에도 썼지만 '수업修業'이라는 말은 '자신이 앞으로 무엇을 배울지 좀처럼 이해할 수 없는 시점에, 무엇을 가르쳐 줄지 좀처럼 알 수 없는 사람 밑에서, 무언지 알 수 없는 것을 배우는' 이상한 구조를 가집니다. 이것을 '개방적이고 역동적'이라 받아들이는가, 아니면 '불합리하고 비논리적'이라 받아들이는가로 사람은 '수업하는 사람'과 그렇지 않은 사람으로 갈리지요.

나는 '수업하는 사람'입니다. 특별히 '수업하는 사람'이 인간으로서 우위에 있고 '수업하지 않는 사람'은 그렇지 않다는 건 아닙니다. '자신이 하는 일의 의미를 하나부터 열까지 명확히 이해하고 싶다. 누군가의 의미를 알 수 없는 지시에 비판 없이 따르는 일은 도저히 할 수 없다'고 말하는 사람도 이 세상에는 있지요. 그런 사람의 신념에 대하여 특별히 이의를 제기할 생각은 없습니다. '모쪼록 그런 태도로 앞으로도 계속 살아가세요'라며 미소를 머금고 손을 흔들어 줄 따름이지요. 그것은 '나는 개를 좋아하고 당신은 고양이를 좋아한다'는 다분히 본질적인 경향에 속한 것이지 결코 좋다, 나쁘다의 문제가 아닙니다.

나는 '수업을 좋아하는' 인간입니다. 그것은 후천적 자질이 아니라 분명 선천적으로 타고난 경향입니다. 누군가에게 온몸을 맡기고 싶다, 누군가 내 머리를 눌러 주었으면 하는 마음이 때때로 발동하지요.

'스승 아래서 수업받고 싶다'는 열의가 절정에 달한 것은 내 나이 25세 때의 일이었습니다. 그 무렵의 나를 아는 사람에게 물으면 확인할 수 있을 것입니다. "우치다요? 아, 묘한 데가 있는 녀석이죠." 아마 대부분 지인들의 입에서는 이런 인물평이 자연스레 나오지 않을까 싶습니다. 내가 봐도 '묘한 놈'이었으니 말입니다. 여하튼 반항적이고 공격적인 데다 제법 달변이었지요. 매우 활동적이고, 누구든 개의치 않고 덤벼들었지요. 그러나 '이렇게 살다가는 조만간 터무니없는 일을 당할지 모른다'는 불안만큼은 분명히 갖고 있었지요. 누군가 이런 삶을 멈춰 주었으면……, 그러나 대체 어느 누가 나의 폭주를 멈춰 줄까요?

한국에도 잘 알려져 있겠지만, 《서유기》라는 중국 고전이 있습니다. 주인공인 손오공은 손쓸 수 없을 만큼 매우 난폭한 자였지만 삼장법사를 만나 머리에 '금고아'라는 금속 띠를 두르게 되지요. 손오공이 나쁜 짓을 하면 강하게 죄어 꼼짝 못하게 만드는 장치이지요. 20대이던 나에게는 금고아를 머리에 채워 줄 누군가가 필요했지요.

다행히 나는 25세 때 합기도의 다다 히로시多田宏 선생님과 만날 수 있었습니다. 선생님은 내게 '삼장법사' 같은 분이었지요. 무엇보다 그때

나는 진심으로 경의를 표할 수 있는 연장자와 참으로 오랜만에(어쩌면 태어나 처음으로) 만났습니다. 그때의 안도감을 지금도 기억하고 있습니다. '더 이상 나쁜 짓을 하지 않아도 된다'는 생각에 가슴을 쓸어내렸지요(참 이상하지요. 특별히 그 누구도 내게 나쁜 짓을 하라고 강요한 것이 아닌데 말이죠).

여하튼 다다 선생님과 만나 합기도라는 '뭔지 모르는 것'을 수업하게 되었습니다. 선생님도 '뭔가 대단한 사람'이라는 생각은 했지만 대체 어떤 식으로 대단한지에 대해서는 좀처럼 말로 설명할 수 없었지요.

무도 수업을 시작한 지 40년이 흘렀습니다. 지금도 합기도가 무엇인지 다시금 물어도 잘 모릅니다. 그러나, 바로 그런 것이라 생각합니다. 수업이라는 건 수업하는 주체인 자신이 점차 변화하는 것입니다. 따라서 어제 '알았던' 것을 오늘이 되어 '알 수 없게' 되기도 하지요.

나는 누군가 '머리를 눌러 주기'를 (나도 모르게) 절실히 원하는 젊은이였습니다. 따라서 스승과 수업할 곳을 얻었다는 것에 진심으로 힘을 얻었습니다.

'자유롭고 싶다.' '내 개성을 마음껏 발휘하고 싶다.' 젊은이들은 누구나 이런 말을 입에 담지요. 그러나 나의 젊은 시절을 돌이켜보면, 자유로워지고 싶다는 욕망의 노예였고 개성이라는 환상에 사로잡혀 있었지요. 여하튼 나는 그랬습니다. 그런 사람에게는 자유도 개성도 '아무래도 좋은' 것으로 느껴지는, 질펀하여 바람이 잘 부는 환경이 존재한다는 것을 알려 주는 게 분명 도움이 됩니다.

수업의 길을 선택함으로써 나는 '나'라는 감옥에서 벗어났습니다. 그 청량감을 가능한 한 많은 젊은이가 경험해 보길 바랍니다.

2015년 2월

우치다 타츠루

| 차 례 |

지금 왜
'수업'을
말하는가?

여러분 안녕하세요. 이번 책은 '수업修業'에 관한 것입니다.

지금까지 무도武道에 대하여 꽤 많은 책을 썼습니다.

대략 몇 권을 꼽아 봐도 《나의 신체는 머리가 좋다—비중추적 신체론》, 《신체를 통해 시대를 읽는다—무술적 입장》, 《신체의 변명》, 《무도적 사고》, 《신체로 생각한다》…… 열거하자니 꽤 많군요.

그런데 '수업'이라는 주제에 초점을 맞춘 건 이번이 처음입니다.

'수업'이라는 말 자체가 현대 사회에서는 마치 사망선고를 받은 듯 점차 자취를 감추고 있습니다.

나와 연배가 비슷한 사람들은 수업이라고 하면, 전통 예능 세계에 문하생으로 들어간 젊은이가 복도를 닦거나 스승의 잔심부름을 하고, 때때로 '눈치 없는 놈'이라며 쥐어박혀 눈시울을 붉히는…… 그런 정경이 금방 머릿속에 떠오릅니다. 그런데 요즘 젊은 세대의 기억 저장소에는 그런 정경 자체가 애당초 존재하지 않는 듯합니다. 그러니 '수업'이라는 글자를 보고도 '이게 대체 무엇인가' 하며 조금도 실감하지 못하지요. 지금 시대가 그러하기에 오히려 수업에 대하여 생각해 볼 필요가 있는 게 아닐까요?

수업이란 어떤 것이고, 어떤 목적을 위해 정비된 시스템인지, 어떤 실천적인 효과를 기대할 수 있는지, 이런 문제들에 대하여 '수업'을 알지 못하는 지금 이 시대의 젊은이들도 이해할 수 있도록 누군가 설명해야 한다는 의무감 같은 것으로 이 책을 쓰게 되었습니다.

보상도 없고 처벌도 없다

한마디로 말해, 수업이라는 것은 '닥치고 시키는 대로 하라'는 것이지요. 하지만 지금 젊은 사람들에게 그렇게 말해 봤자 일단 알아듣지 못합니다. 무슨 일이든 그 실용성과 가치에 대해서 대략적으로 제시하도록 요구해야 한다고 어린 시절부터 교육받아 왔기 때문입니다.

이것은 이른바 '소비자'라 불리는 사람에게는 마땅한 행동입니다. 소비자는 상품에 대하여 반드시 스펙을 요구하게 마련이니까요. 상품을 집어 들고 가장 먼저 묻는 것은 '이것은 무엇에 쓰는 물건입니까?'라는 질문입니다. 그런 소비자의 질문을 받고서 '써보면 안다'고 답하는 장사꾼은 없겠지요(만약 있다고 해도 그런 상품을 사는 사람은 없을 것입니다).

용도가 모호한 상품은 이 세상에 존재할 수 없습니다. 여하튼 지금 아이들은 그렇다고 믿습니다. 실제로 가정은 물론 학교에서는 기회가 주어질 때마다, 아이들이 무언가를 하려고 하면 '그것을 하면 이런 좋은 일이 있다'고 설명하며 이익을 좇아 움직이도록 교육시킵니다.

인간은 자신이 노력한 대가로 어떤 보상을 받을 수 있는지 제시받은 뒤에 비로소 노력합니다. 보상이 제시되지도 않았는데 노력하는 사람은 없지요. 때로 "일단 닥치고 시키는 대로 해"라고 거칠게 말하는 연장자가 있을지 몰라도 아이들은 그런 말에는 좀처럼 귀 기울이지 않습니다. 물론 그 명령에 아이가 어쩔 수 없이 따를 수도 있지만, 그것은 '시키는 대로 하지 않으면 맞는다. 그러면 손해다'라는 합리적 계산에 따르는 것일 뿐입니다. 노력과 보상(혹은 처벌 회피)이라는 단순한 방정식에 따라 행동하는 것입니다.

그런데 수업은 그런 것이 아닙니다.

'잠자코 시키는 대로 하라'는 스승의 지시에 따르지 않았다고 해서 꾸중을 듣지는 않습니다. 반대로, 시키는 대로 했다고 해서 특별히 칭찬받는 것도 아니지요.

가끔 '잠자코 하라'는 지시를 따르지 않은 제자를 쥐어박는 스승이 있기도 합니다. 하지만 그것은 결코 제자가 서툴러서 때리는 게 아닙니다. 그보다 '네놈은 수업의 의미를 조금도 이해하지 못하는구나. 그렇다면 일단 네놈의 수준에 맞춰 이해시켜 주마. 네가 노력하지 않으면 이렇게 맞는다. 그러니 앞으로 더욱 노력하라'며 제자의 합리성 기준에 스승이 맞춰 쥐어박는 것입니다. 말도 안 되는 터무니없는 이유로 체벌하는 게 아니라 제자의 눈높이에 맞춘 가르침인 셈이지요. 그런 측면에서 보면, 그 스승은 제자에게 친근한 존재라 할 수 있습니다.

그러나 나의 개인적인 경험에서 보면, 스승이 제자의 수준에 맞추면 자칫 제자는 자신의 판단이 갖는 객관성을 과대평가하여 앞으로도 그 수준에 안주해 버리기 때문에 체벌이라는 방법은 채용하지 않는 게 바람직합니다.

스승은 '잠자코 시키는 대로 하라'는 말만 합니다. 그러면 제자는 똑같은 일을 주야장천 반복하기도 하고, 혹은 아직 앞선 과제를 채 끝내지도 못한 시점에서 "자, 다음은 이거"라며 새로운 과제를 부여받기도 하지요.

　처벌도 없지만, 보상도 없습니다. 비평도 심사도 평가도 없습니다.

　그것이 수업이지요.

　　　　　　　　　　　　　　　　　　배움은 어리석을수록 좋다

해낸 후에야 알 수 있는 수업의 의미

노력이라는 것을 일종의 상거래쯤으로 여기는 사람은 이 같은 시스템을 좀처럼 이해할 수 없을 것입니다. 그들은 이렇게 생각합니다. '노력하게 만드는 이상, 노력한 이후에 무엇을 얻을 수 있는지 사전에 보여달라. 그러면 노력하는 데 훨씬 인센티브가 될 것'이라고 말이지요.

그러나 이것은 엄청난 착각입니다. 원래 '인센티브'라는 것은 수업과는 무관한, 본질적으로 '반反수업적'인 개념이기 때문입니다.

왜 반수업적인가 하면, 인센티브incentive(동기, 장려금, 보상, 격려 등을 의미)의 가치는 노력하기 전에 이해할 수 있는 것이어야만 비로소 의미를 가지기 때문입니다. '노력하면 돈을 주겠다'는 제안이 효과적인 것은, 노력하기 이전에 '돈의 가치'를 미리 알 수 있기 때문이지요.

그런데 수업이라는 것은 그런 게 아닙니다. 수업으로 얻을 수 있는 것이란, 수업하기 전에는 의미를 알 수 없는 것이기 때문이니까요.

신체기법을 익히는 경우, 수업으로 습득하는 것은 '내 몸에 이런 부위가 있음을 감지하고 제어하는' 체험이 대부분입니다. 골반을 기울인다, 고관절을 접는다, 견갑골을 편다…… 이런 신체 조작이 '가능해진 후'에야 비로소 자신이 '무엇을 해냈는지'를 알게 됩니다. 달성하기 전에는 '그것을 해낸다'는 목표를 미리 설정할 수 없습니다. '그것'이 신체적 실감으로서 존재하지 않기 때문이지요.

'그 같은 부위가 있고 그 같은 동작을 한다'고 일찍이 단 한 번도 생각해 본 적 없는 부위가 실제로 활발히 움직이는 것을 실감했을 때에 비로소 수업이 가지는 의미를 '사후적事後的'이고 '회고적回顧的'으로 이해하게 되는 것이지요.

따라서 수업이 가져올 성과를 수업 전에 미리 보여 줄 수는 없는 것입니다.

배움은 어리석을수록 좋다

수업은 '신체 단련'이 아니다

무도 수련을 가리켜 '신체를 단련한다'고 말하는데, 그 말에 강한 위화감을 느끼는 것은 앞에서 말한 이유 때문입니다.

'신체를 단련한다'는 것은 이미 수치적으로 알고 있는 능력이나 자질을 양적으로 증대시키는 것입니다. 상완이두근(위팔두갈래근)의 굵기, 폐활량이나 맥박수, 거리나 시간, 점수 등 사전에 도량형이 주어지고 그 눈금 위에서의 양적인 증감을 문제로 삼을 때 비로소 '신체를 단련한다'는 말을 사용할 수 있습니다.

그런데 팔 근육을 키울 생각에 무거운 덤벨을 들어 올리는 훈련을 시작했더라도, 그러는 가운데 신체 사용법이 좋아져 무게중심의 이동이나 허리 회전, 견갑골의 회전 방법을 습득하여 몸에 부담을 주지 않고도 무거운 덤벨을 들 수 있게 되면 오히려 쓸데없이 붙어 있던 근육이 줄어 실제로 몸은 호리호리해지기도 합니다. 분명 신체기법의 숙련도는 높아졌지만, 이것을 두고 '신체를 단련했다'고 말하는 것은 적절하지 않습니다.

결과적으로 이쪽이 훈련 방법으로서는 상위의 것이지만, 그것이 어떻게 상위의 것인지는 상완이두근의 둘레를 측정하는 '줄자'로 계측할 수 없습니다. 따라서 다른 계측 수단을 마련하지 않으면 안 됩니다.

운동을 시작하는 시점과 끝나는 시점에서 운동 효과를 측정하는 계측기기가 다르다는 다이너미즘dynamism(역동성)을 단련주의자들은 좀처럼 이해하려 들지 않습니다. 그 때문일까요? 스포츠 관계자들은 지금까지도 '신체를 단련한다'는 말을 줄기차게 사용하고 있습니다.

동일한 계측기기로 처음부터 끝까지 신체 변화를 기록하고, 노력과 성과 사이에 일차방정식 같은 상관관계를 성립시키려 하지요. 그것이 단련주의자들의 꿈입니다. 그러나 이것만큼 '수업'의 실상과 다른 것도 없을 것입니다.

거듭 말하지만, 수업이라는 것은 운동을 시작하는 시점에서 채용된 도량형으로는 계측할 수 없는 종류의 능력을 익히는 역동적인 과정을 가리킵니다. 따라서 신체기법에 능숙해진 것을 두고 '신체 사용법이 달라졌다'거나 '신체에 매끈하게 근육이 붙었다'는 식으로 말할 수는 있지만, 신체를 '단련했다'거나 '강화했다', '향상시켰다'고 말할 수는 없습니다.

배움은 어리석을수록 좋다

결승점을 알 수 없는 미지의 트랙을 달린다

현대라는 이 시대를 사는 아이들은 '수업'이라는 말이 갖는 의미를 이해하지 못할 것이라는 이야기를 하고 있던 참입니다.

하지만 그런 아이들일지라도 '트레이닝'이 어떤 의미인지는 잘 압니다. 동일 선상을 그저 앞서 나가고 그 노력의 성과가 거리나 시간이라는 수치 형태로 나타난다는 의미라면 말입니다. "준비, 출발!" 이 신호로 달리기가 시작되고 동일한 트랙을 빙글빙글 돌며 시간을 겨룬다는 의미라면 말입니다.

그러나 수업은 그런 것이 아닙니다. 달리는 동안에 '나만의 특별한 트랙'이 눈앞에 펼쳐집니다. 새로운 트랙, 다른 코스를 계속하여 달립니다. 더불어 어느 수준에 다다르면, 또다시 새로운 트랙이 눈앞에 나타나지요. 그렇게 또 다른 트랙을 달리기 시작하는 것이죠.

트랙은 매번 길이도 감촉도 제각기 다릅니다. 본디 '어디를 향하는지'가 다릅니다. 불현듯 정신을 차리고 보면, 아무도 없는 곳을 홀로 달리고 있습니다. 한때 트랙을 함께 달리던 경주 상대는 어디로 갔는지 그 모습을 찾아볼 수 없습니다. 수업이라는 건 그런 것입니다.

수업을 하는 사람은 '자신이 무엇을 하는지'를 그것을 '해낸 뒤'라야 말할 수 있습니다. 자기 자신에게조차 설명할 수 없는 것을 타인에게 설명할 수는 없지요. 남에게 설명할 수 없는 것에 대해서 남과 우열을 비교하고 강약이나 잘하고 못함을 논할 수는 없습니다.

수업은 상업적인 거래와는 다릅니다. '노력'을 대가로 내놓으면 사용 가치가 명시된 '상품'을 건네받는 단순한 과정이 아닙니다. 따라서 소비자로 키워진 아이들로서는 그 의미를 이해할 수 없습니다. 시장과 상품밖에 본 적이 없는 아이는 수업이 갖는 의미를 도저히 이해할 수 없습니다.

이 책은 그런 아이들에게 수업이란 어떤 것인지를 이해시키기 위해 썼습니다. 그러면 천천히 읽어 주시길 바랍니다. 자, '닫는 글'에서 다시 뵙지요.

무도와 수업,
두려워 말고
머물지 말고

무엇을 어떻게
수업할 것인가

비전문가를 위한 합기도 사견私見

1975년에 내가 다다 히로시多田宏 선생님(합기회 합기도본부 사범, 합기도 9단)의 문하생으로 들어갔으니, 햇수로 벌써 마흔 해가 되었습니다. 어느덧 나이만 먹어 불현듯 정신을 차리고 보니 이미 환갑이 넘었더군요. 그야말로 '나이는 들어 늙었는데 여전히 목적하는 바는 멀다'는 속담대로 말입니다.

우에시바 모리헤이植芝盛平 선생님(합기도 창시자)은 '열심히 수행하여 여러 곳을 헤집고 다니다 보니 강이 있었고 물결에 떠내려온 나무판자를 부여잡고 건너편 물가에 다다라 기쁨에 겨워 뒤를 힐끔 돌아봤더니 단 한 사람의 제자도 따르지 않는' 꿈을 꾼 적이 있다고 합니다.

그 이야기를 나는 다다 히로시 선생님에게서 여러 차례 들었습니다. 어쩌면 다다 선생님 자신도 '뒤를 돌아봤더니 제자가 아무도 따르지 않았다'는 큰 스승의 회고담이 뼛속 깊이 스몄기에 무심코 그 일화를 떠올렸을 것입니다. 나는 그 꿈 이야기를 들을 때마다 스승님에 대한 송구스러움에 온몸이 오그라듭니다.

'스승의 뒤를 따르지 못하는' 제자의 몸으로 합기도에 대하여 꽤 아는 듯 책을 쓰는 일은 본디 허락되지 않지만, 합기도 수련자가 모두 전문가도 아니고 또 전부가 명인이나 달인도 아닙니다. 그렇다면 나 같은 평범한 합기도인이 지금까지 어떤 수업을 해왔고, 그 시행착오를 통해서 어떤 깨달음과 지식을 얻었는지에 대하여 들려주는 것도 나름 유용한 방법이 아닐까요? 여기서 잠시 합기도에 대한 나의 생각을 말해 볼까 합니다.

전문가에게는 그들을 위한 수업 방법이 있듯, 비전문가에게는 그들 나름의 합기도 수련 방법이 있다고 생각합니다. 그렇지 않다면, 나 같은 비전문가 합기도인이 설 자리는 없겠지요. 이것이 이 책을 쓰는 데 있어 나의 기본적인 입장입니다.

배움은 어리석을수록 좋다

생업 현장이 진검승부의 장

다다 히로시 선생님은 자주 이런 말씀을 하셨습니다.

"도장은 대기실이고, 도장 밖이 무대다."

도장은 대기실입니다. 대기실이라 하면 자연과학에서는 '실험실'에 해당하는 곳이지요. 실험이라는 것은 늘 실패가 뒤따릅니다. 그러하기에 좋습니다.

가설을 세우고, 실험을 합니다. 가설에 맞지 않는 반증사례가 나오면, 가설을 보다 적용범위가 넓은 것으로 대체합니다. 자연과학도, 사회과학도 그 반복을 되풀이하며 지금까지 진보해 왔지요. 인간의 살아 있는 지혜나 능력을 보다 깊은 것으로 만드는 방법도 그것과 본질적으로는 다르지 않습니다.

'무대'라는 것은 진검승부가 이뤄지는 곳입니다.

전쟁이 벌어지는 세계에서 진검승부가 이뤄지는 곳은 글자 그대로 검이 하늘을 가르고 화살이 빗발치는 전장이 되겠지요.

그러나 현대에 진검승부가 펼쳐지는 곳은 그런 곳이 아닙니다. 우리가 매일매일 생업에 전념하는 '현장'이 바로 그곳이겠지요.

그래서 실패하면 자신의 입장을 잃고 신뢰는 바닥에 떨어지고 덕망과 위신을 잃고 맙니다. 때로는 거리로 나앉아 제 명대로 살지 못하는 일도 벌어지는 곳이라 우리 비전문가에게는 '생업 현장'이 곧 '진검승부의 장'이지요. 그래서 우리 몸에 갖춰진 살아가는 지혜와 능력을 꽃피우는 데 도움이 되지 않는다면, 엄밀히 말하여 '무술'이라 할 수 없습니다.

저는 대학에서 학생을 가르치고, 책을 쓰고, (때때로) 기업 경영자로도 일하고 있습니다. 그곳이 바로 저의 '현장'이고 '무대'인 셈이지요. 그렇다면 무대에서 충분한 성과를 얻기 위해서는 도장에서의 수련이 반드시 필요합니다.

다행히 무대에서 실패하더라도 현대에는 목숨까지 잃는 일은 일어나지 않기에, 무대에서의 성패를 우리는 수업에 다시 적용해 볼 수 있습니다. 교육활동이 순조롭게 진행되지 않고, 펜은 한 글자도 쓰지 못해 제자리를 맴돌고, 경영은 생각대로 되지 않을 때에 나는 '합기도의 훈련 방법이 잘못되었기 때문'이라 생각합니다.

무엇이 잘못된 것일까? 가설이 틀렸나? 실험 순서에 오류가 있나? 측정기구가 오작동을 했나?

그리고 수련할 때, 이들 체크포인트를 하나하나 점검하지요.

따라서 내게 생업 현장은 평소의 수련이 얼마나 잘되었는지 그 성과를 발휘하는 곳이고, 도장에서 무엇을 어떻게 수련해야 하는지를 검토하는 곳이기도 합니다.

배움은 어리석을수록 좋다

무도인이 익혀야 할 가장 중요한 능력

생업과 수련은 표리일체表裏一體여야 합니다. 생각해 보면, 이것은 무도 수업의 상식입니다.

전국시대(일본역사에서 15세기 후반부터 16세기 후반까지 군웅이 할거하여 서로 다투던 시대)에는 전장에서 창 한 자루로 무공을 세우면 일국일성一國一城의 주인이 되는 길이 열렸습니다. 그러나 그 시대의 무장 가운데 역사에 길이 이름을 남길 만큼 빛나는 업적을 보여 준 사람들은 반드시 칼과 창으로 그 지위를 얻은 게 아닙니다.

탁월한 신체 능력을 가진 덕에 효율적이고 무자비하게 적을 살상할 수 있는 병사가 반드시 통치자로서도 유능한 것은 아닙니다. 오히려 그런 병사는 정치와 무관하게, 가능하다면 최전선에서 적을 무찌르는 일에 전념시키는 게 '적재적소'라는 것이겠지요.

전장에서 무공을 세우는 것이 통치자로 가는 왕도였던 것은, 통치에 필요한 능력과 전장에서 살아남는 능력이 본질적으로 같다는 사회적 합의가 존재했음을 의미합니다. 그것이 단순히 체격의 강인함이나 운동 속도, 비정함을 말하는 것일 리 없지요.

전쟁이 일어나기 전과 전쟁이 한창 벌어지는 중에, 화족(고위층이나 나라에 공훈이 있는 집안의 자제)과 육해군 무장들이 큰 스승으로부터 개인 수업을 받기 위해 도장을 오갔습니다. 그곳에서 현재의 우리가

하듯 던지고 누르고 막는 훈련이 이뤄졌으리라고는 생각지 않습니다.

문이 굳게 잠긴 방에서 큰 스승이 그런 사람들을 상대로 어떤 수련을 시켰는지, 후세의 우리가 알 방도는 없습니다. 하지만 당시 일본 지도층에 있었던 사람들이 큰 스승 아래서 배우려 했던 것이 '집단을 통솔하여 큰 사업을 효율적으로 끌고 가기' 위해 필요한 능력이었다는 것을 어렵지 않게 생각할 수 있습니다.

우리는 실제로 도장에서 상대를 던지고 누르고 막고 베고 때리고 쓰러뜨리기 위한 기법을 훈련하고 있습니다. 그러나 그것 자체가 최종 목적일 리 없지요. 그런 격투기법에 아무리 정통해도 21세기 오늘날에는 그것을 활용하여 우리 자신의 이익을 확보하고 공공복리를 증대하는 상황을 만들 일은 일단 없다고 보기 때문입니다.

만약 합기도에서 배운 격투기를 사용할 기회를 때때로 만나서 지금까지 여러 사람에게 상처 입히거나 누군가를 죽인 사실을 자랑스럽게 떠벌리는 합기도인이 있다면, 그 사람의 수업 방향이 잘못되었다는 데 모든 사람이 동의할 것입니다. 무술 수련을 통하여 개발된 능력 중에서 가장 유용한 것은 분명 '문제가 일어날 가능성을 사전에 알아차리고 위험을 피하는' 능력이기 때문입니다.

배움은 어리석을수록 좋다

사람의 마음을 하나로 모으는 힘

무술 수련을 통하여 우리가 개발하려는 잠재 능력이 어떤 것인지는 전국시대든 현대든 크게 다르지 않을 것입니다. 그것은 우선 실천적인 의미에서의 '생존력'입니다.

전쟁터에서는 전투력으로 나타나는 능력이, 평시에는 이를 테면 통치력으로서 표출됩니다. 그것은 전투력과 통치력을 모두 약속하는 인간적 능력이 존재한다는 것을 의미하지요. 그것은 무엇일까요?

이 물음은 그대로 '무도 수업을 통하여 우리는 어떤 능력을 익히려 하는가?'라는 질문과 일맥상통합니다.

이 물음에 대한 나의 대답은 경험적으로는 자명합니다.

생존을 위한 가장 중요한 능력은 '집단을 하나로 응집시키는 힘'입니다.

힘센 자가 주위 사람들을 위협하여 공포에 몰아넣고 굴복시켜도 얼마든지 집단을 형성할 수 있습니다. 그러나 그 집단은 일정 규모를 넘어설 수 없습니다. 공포나 폭력에 의해 혹은 이익 유도에 의해 응집된 집단은 또 다른 공포나 폭력, 이익에 의해 간단히 와해되고 맙니다.

그런 무른 집단은 백 명, 천 명의 병사를 문자 그대로 '수족처럼' 움직일 수 있는 사람이 이끄는 집단, 다수의 사람이 마치 단 하나의 거대한 신체를 구성하고 있는 듯 일사불란한 집단에는 결코 맞설 수 없습니다.

개인적인 신체 능력을 아무리 향상시켜도, 아무리 골격을 강하게 단련하고 운동 속도가 빨라져도, 혹은 명령에 거스르는 것을 조금도 허용하지 않을 만큼 무자비해져도, '다수의 사람들이 각자의 주체적 의사에 근거하여 행동하면서도 마치 하나의 신체 부위처럼 통일된 동작을 취하는 집단'에 대적할 수 있는 집단을 만들 수는 없지요.

다수의 사람들이 완전히 동화된 집단이란 어떤 것일까요? 또 그것은 어떻게 구축되는 것일까요? 나는 진심으로 무도의 기술적 과제도 거기에 있다고 생각합니다.

단적으로 말해, 타인과 공생하는 기술, 타인과 동화하는 기술입니다. 나는 합기도라는 것은 그러한 기술을 전력을 다해 연마하기 위한 훈련 체계가 아닐까 생각합니다.

합기도는 '사랑과 화합의 무도'라 말합니다.

초보 합기도인은 '사랑과 화합'이라는 말을 그저 막연하게 정신적·도덕적인 목표로 생각할지 모릅니다.

그러나 이것은 지극히 정밀하게 구성된 '기술의 체계'입니다. 다다 선생님으로부터 반복해 그런 가르침을 받아 왔고, 나 자신의 경험도 그것을 뒷받침합니다.

무적이란
무엇인가

천하무적이라는 말

나는 오랜 세월 '천하무적'이라는 말을 '온갖 적과 싸워 그들을 쓰러뜨리는 것'이라 이해했습니다. 나뿐만이 아니라 누구나 이런 식으로 생각하지요.

그러나 곰곰이 생각해 보면, 그 같은 천하무적은 도저히 불가능한 일입니다.

첫째, 몇 가지 산재한 어려움이 있습니다. '바로 내가 세계 최강'이라 자처하는 사람들을 한 사람, 한 사람 쓰러뜨리려면 지구 상에 흩어져 있는 전사들을 빠짐없이 명단으로 작성해야만 하지요. 그런데 과연 그 같은 작업이 가능할까요? 가령 리스트를 완벽하게 작성했다고 해도 그 대전을 위한 교섭은 어떻게 할까요? (만일 상대가 '노'라고 말했을 때는 어떻게 할까요?)

전사가 머나먼 북극권이나 브라질의 마토 그로소 열대 우림 같은 데 살고 있다면 그곳으로 건너가 머무는 동안의 비용은 어떻게 마련해야 할까요? (그보다 그곳에 갈 수는 있을까요?) 상대가 고액의 대전료를 요구할 때는 누가 그 돈을 지불할까요? 또한 최강의 전사를 찾아 싸우는 동안에 이곳의 생계는 어떻게 해결해야 할까요?

둘째, 상대가 늘 최고 컨디션이라 보장할 수 없습니다. 운 좋게 최강의 전사와 만났다고 해도 만일 그가 우울증으로 무기력하거나 인플루엔자로 열이 펄펄 끓거나 혹은 이미 노쇠하여 두 발로 설 기력조차 없는 상태라면 어떨까요? 과연 그런 자를 쓰러뜨렸다고 해서 '천하무적'이라 불릴 수 있을까요?

셋째, 상대의 특기와 자신의 전문기술이 대적 가능한지도 문제입니다. 상대는 마상 활쏘기에 능한데 이쪽이 씨름이라면, 상대가 기관총이고 이쪽은 칼이라면, 상대가 흑마술이고 이쪽은 무예타이라면, 과연 대전은 용납될까요?

아무리 생각해도 '천하무적'을 '모든 적을 쓰러뜨리는' 것이라 이해하는 한 그 같은 일은 누구라도 당연히 불가능합니다.

그럼에도 불구하고 지금까지 천하무적이라는 말이 존재하고, 그것을 무도 수업의 최고 목적으로 삼는다면, 우리는 '무적無敵'이라는 말을 '모든 적을 섬멸한다'와는 다른 의미로 해석해야만 하겠지요.

적은 싸움 상대일까?

넓은 의미에서 '적敵'이란 '내 심신의 성과를 저하시키는 요소'라 말할 수 있습니다. 그때에 '무적無敵'이라는 것은 '내 심신의 성과를 저하시키는 요소를 최소화하는(가능하다면 없애는)' 것을 의미합니다.

실제로 세계적인 일류 운동선수 중에는 월드투어 때마다 의사나 트레이너, 영양사 외에 고문변호사나 홍보 담당자, 카운슬러를 수행하는 사람이 있습니다. 그것은 신체적 컨디션 외에 계약상의 문제나 스캔들, 심리적 갈등이 경기장에서의 성적에 중대한 영향을 미친다는 것을 알고 있기 때문이지요.

'적'은 동일한 규칙하에 싸우는 '대전對戰 상대'라 단정할 수 없습니다. 전염병 바이러스나 제 기능을 못하는 내장기관이나 심적 스트레스, 나이 듦, 천재지변 등 무수한 요소에 의해서 운동선수의 실적이 저하될 가능성이 있습니다. 아무리 높은 심신 운동능력을 가진 사람이라도 감기에 걸리면 열이 나고, 번개를 맞으면 까맣게 타고, 자녀가 세상을 떠나면 정신없이 허둥댑니다.

따라서 일류 운동선수는 지금 열거한 요소를 (의식하든 않든) 잠재적으로 '적'이라 생각합니다. 그러하기에 이들 '적'을 세심하게 없애는 운동선수는, 그 요소들을 그대로 방치하고 있는 대전 상대에 비해 이를테면 '100미터 달리기에서 출발선보다 10미터 앞서 달리는 주자'에 가까운 이점을 누리는 것이지요.

그러나 여기서 언급한, 적절한 방법으로 제거할 수 있는 '성적 저하 요인'을 '적'으로 인식하는 습관이 우리에겐 없습니다.

우리는 오로지 한정된 시간과 공간에서, 한정된 조건 아래서, 서로의 신체 능력을 겨룹니다. 대전 상대만을 '적'이라 여깁니다. 하지만 이것은 얕은 소견이라고밖에 말할 수 없습니다.

만일 무술이나 병법이라 불리는 것이 기원적으로 '어떤 위기 상황에서 살아남기 위한 기법'이라 한다면, 무도가가 '적'이라 부르는 개념을 가능한 한 넓은 의미에서 파악하고, 그것을 효과적으로 통제하는 기술을 습득하는 것은 당연한 일입니다. 아무래도 적을 넓은 의미에서 파악하는 사람이 대전 상대만을 적이라 한정 짓는 사람보다 살아남을 확률이 훨씬 높기 때문이지요.

적은 '존재해선 안 되는' 것?

그렇다면 진정한 무도인은 감기에 걸려도 벼락에 맞아도 자식을 저세상으로 앞서 보내도, 그것을 이유로 성과가 낮아지지 않도록 몸과 마음을 통제할 수 있는 인간이겠지요.

본디 무도가의 신체 능력을 가장 확실히 훼손하는 것은 나이 듦과 노화입니다. 그러나 지금까지 죽음의 신과 벌인 싸움에서 이긴 사람은 단 한 사람도 없습니다. 따라서 만일 나이 듦이나 노화를 '적'으로 간주하고 온 힘을 다하여 건강 증진과 노화 방지에 매진하는 무도가가 있다면, 그는 '살아 있는 것' 자체를 적으로 돌린 셈입니다.

그것은 '무적'과는 가장 소원한, '무적'과 멀어지는 태도이지요.

'하늘 아래 적이 없다'는 말을 적은 '존재해서는 안 된다'는 뜻으로 받아들여선 안 된다는 것이지요. 오히려 그런 것들을 일상적인 풍경으로 '당연히' 존재하는 것으로 여기고 특별히 마음 쓰지 않는 심적 태도가 무적에 가까울 것입니다.

감기에 걸렸다면 '태어난 이후 계속 감기에 걸려 있는' 듯이 행동하고, 벼락에 맞았다면 '태어난 이래 계속하여 벼락에 맞아 온' 듯이 행동하고, 아이가 세상을 떠났다면 '태어난 이후 지금껏 아이를 앞세워 보낸' 사람처럼 행동하는 것이지요. 그처럼 심신의 모드를 자유자재로 전환할 수 있는 사람에게 비로소 천하는 무적이지요.

우리가 흔히 말하는 '첫 단추를 잘못 채웠다'는 말도 역시 상처 입지 않은 완벽한 상태의 자신을 '표준적인 나'로 설정하고, 지금의 내가 그렇지 않다는 것(건강이 좋지 않거나 장기 기능이 온전하지 않거나 기분이 우울한)을 '적에 의한 부정적인 간섭의 결과'로 설명하는 것이지요.

인과론적인 사고가 '적'을 만들어 내는 것입니다.

현재 자신이 처한 '안 좋은 상태'를 어떤 원인이 개입해 '마땅히 그래야 할 표준적이고 이상적인 나'에서 이탈한 상태로 이해하는 사고 구조 자체가 적을 만들어 냅니다.

순수 상태의, 최고 상태의 '나'가 원래 존재하고, 그것이 '적'의 침입이나 관여, 방해로 인해 기능 불능에 빠진 것이므로 특정한 적을 배제하기만 하면 태초의 청정함과 건전함이 회복될 것이라 생각하는 사람에게는 지나쳐 가는 사람이나 건드리는 모든 것이 잠재적으로 적이 됩니다. 분명 지나쳐 가는 사람으로 인해 내가 선택할 수 있는 동선은 줄어들고, 걸리적거리는 것들 때문에 내가 관절을 움직일 수 있는 범위가 좁아지기 때문이지요.

따라서 그런 사람에게 이상적인 상태란 '지나쳐 가는 사람도 건드리는 것도 존재하지 않는 세계'입니다. 그 사람 외에는 아무도 없는 세계에서, 영겁의 절대적인 고독 속에 머무는 것이 그 사람에게는 '천하무적'이 됩니다. 특히 경제 논리는 우리를 그 같은 결론으로 이끕니다.

인과관계 속에 있지 마라

'적을 만들지 않는다'는 말은 자신이 어떤 상태에 있든 그것을 '적에 의한 부정적인 간섭의 결과'로 생각하지 않는 것입니다. 자신이 처해 있는 현재 상황을 인과론적으로 말하지 않는다는 것입니다.

분명 나이 듦이나 노화, 역병이나 부상은 내 심신의 기능을 떨어뜨립니다. 그러나 그때의 병이나 아픔을 '나'의 외부에서 와서 '나'의 기능을 열악하게 만드는 것이라 여기지 않는 것입니다. 그것들을 오랫동안 나와 함께 살아온 '나의 구성요소 중 하나'로 생각하는 것이지요.

무도에서도 마찬가지입니다.

상대가 나를 향해 칼을 내리칩니다. 그것을 피하지 않으면 안 됩니다. 그런 상황을 상정해 보지요. 이때 내가 선택할 수 있는 동선은 분명 한정되어 있습니다(예상되는 칼날의 동선에 몸을 둘 수는 없겠지요).

그러나 이것을 '내게는 무한한 선택지가 있었지만 공격이라는 외부 원인 탓에 선택지가 한정되었다'는 식으로 생각해서는 안 됩니다. 그것은 적을 만드는 논리로, 그런 논리는 채택하지 말아야 합니다.

그게 아니라 '무한한 선택지'라는 것은 애당초 없었다고 생각하는 것이지요. 여하튼 지금, 나의 선택이 허용된 한정된 동선과 가동역(움직일 수 있는 범위)만이 '현실의 모든 것'이라 생각합니다. 그것이 '적을 만들지 않는' 것입니다.

앞에서 '적을 만들지 않는다'는 것은 인과관계 속에 있지 않는 것이라 말했습니다.

상황을 인과관계로 파악하지 않는다는 것, 즉 시간의 흐름에 따라 상황을 설명하지 않는다는 건 무엇보다 먼저 '시간의식을 다시 쓴다'는 것입니다. 지금까지 '동선'이나 '가동역'이라는 공간적인 용어로 설명했지만, 사실 '적을 만들지 않는다'는 건 시간의식을 다시 쓰는 것입니다.

시간의식을 다시 쓰다

적을 만드는 마음은 자신이 처해 있는 상황을 입력－출력 시스템으로 이해합니다.

먼저 최상의 컨디션인 내가 있습니다. 그곳에 '적'이 찾아와서(대전 상대나 인플루엔자 등) 나를 바꿔 놓지요. '적'의 입력을 배제하고 원래 '나'의 상태를 회복한다면, '승리(그러지 못한 경우라면 패배)'라는 일련의 '시간적 변화'로 상황 전체를 파악하는 것입니다.

이 과정에 대하여 일본의 선승 다쿠안 소호沢庵宗彭(에도시대의 승려로 검의 달인이기도 했다)는 '주지번뇌住地煩惱(모든 번뇌를 낳는 기본적인 번뇌)'라 말했는데, 그의 저서 《부동지신묘록》에는 이렇게 쓰여 있습니다.

상대가 내리치는 검을 한 번 보고 그곳에서 그대로 검을 막으려 한다면, 상대의 검에 마음이 머물러 이쪽의 움직임이 둔해져 상대의 검에 베이고 만다. 이것을 마음이 머문다고 한다. (…) 날아드는 검을 보아도 거기에 마음을 멈추지 말고 상대의 검 동작에 맞춰 이쪽에서 쳐야겠다고 생각하지도 말며, 생각과 분별을 멈추고 들어 올린 검이 보이든 말든 조금도 거기에 마음을 빼앗기지 않고, 그대로 상대 쪽으로 다가가 상대의 검을 막으면 나를 베려 날아드는 검을 이쪽이 빼앗아 거꾸로 상대를 벨 수 있다.

날아오는 칼날을 알아차리고 그것이 어떤 코스로 움직일지, 어디를 목표로 날아드는지, 그 칼날로부터 어떻게 몸을 피할 것인지, 그런 것을 깊이 사고하는 것은 칼에 '머무는' 것입니다. 칼에 결박당해 심신의 자유를 잃은 상태가 바로 주지번뇌인 것이지요.

이에 반하여, 온전한 자유를 성취한 상태를 '석화지기石火之機'라 말합니다.

석화지기石火之機라는 것은 (…) 돌을 탁 하고 치면 불꽃이 튀는데, 바로 그 순간 불꽃이 일어나듯, 한 치의 겨를도 두지 않는 것을 말한다. 빠른 것을 말하는 것이라 생각하면 잘못이다. 마음을 사물에 빼앗기지 않는다. 잠시라도 마음을 멈추지 마라. (…) 예를 들어,

"우에몽右衛門(궁궐 경비를 담당하는 벼슬)"이라 불리면 즉시 "예"라고 대답하는 것이 부동지不動智다. 우에몽이라 불리고 무슨 용무인지를 생각하는, 그 걱정하는 마음을 주지번뇌住地煩惱라 한다.

이상《선입문8 다쿠안》, 〈부동지신묘록〉, 다쿠안 소호 저, 이치카와 하쿠겐 주, 고단샤, 1994년

'석화지기'란 결국 간발의 차이도 두지 않는다는 의미이지요.

시간이 흐르는 과정에서 보면, 타자가 "우에몽"이라 부르는 '입력'이 앞서 있고, 그것에 대하여 "무슨 용무인가"라고 되묻는 주체로부터의 '출력'이 있습니다. '입력과 출력의 시간 차'와 '주체와 타자의 이항관계' 자체를 다쿠안은 주지번뇌로 보았던 것입니다.

배움은 어리석을수록 좋다

입력과 출력이 동시에 이루어지는 경지

시간이 경과하는 순서에 따라 상황을 봐서는 안 됩니다.

그렇다면, 어쩌면 좋을까요?

이에 대하여 다쿠안의 답은 이렇습니다. '우에몽이라 불리면 곧바로 답한다.' 간발의 차이를 두지 말고 답하라는 것이지요. 입력과 출력의 시간 차를 제로로 만드는 것, 그게 대답입니다.

특별히 기묘한 얘기를 하는 게 아닙니다. 사실 우리는 그것과 유사한 것을 매일같이 실제로 행하고 있기 때문이지요.

이를 테면, 악기 연주가 그렇습니다. 교향곡을 연주할 때에 연주자들은 다른 악기 소리를 듣고 나서 그것에 맞춰 연주하는 게 아닙니다. 다른 악기 소리를 듣고 그것에 응한다면 박자를 놓치고 말지요. 청각 정보를 감지한(입력) 후에 반응한다면 제아무리 신속하게 움직여도(출력) 하모니를 이룰 수 없지요.

실제로 연주자들은 '동시에' 연주하고 있는 것입니다. 자신의 신체적 한계를 초월하여 '스스로 솟아나' 다른 악기 연주자와 융합하여 일체화되는 것입니다. 오케스트라의 연주자들로 구성된 '다세포생물'이 있고, 그것이 연주하는 주체가 되는 것이지요.

연주자 한 사람, 한 사람은 다세포생물의 세포 하나하나에 해당합니다. 세포와 세포 사이에는 분명 '주고받는' 작용이 이뤄지고 있는데,

원래 그들은 하나의 생물을 이루는 일부분으로 모체를 공유하고 있습니다. 그리고 멤버 전원을 감싸는 '공동의 신체(저자는 공신체共身體라는 말을 쓰고 있음)' 같은 게 연주의 주체가 됩니다.

'간발의 차이도 없이' 반응한다는 건 '반응하지 않는' 것이지요. 타자와 주체가 하나의 공동 신체로 융합되어 있을 때에는 그 공동 신체에 속해 있는 개개의 신체에서는 입력과 출력, 자극과 반응이라는 분절은 성립하지 않습니다.

오른손과 왼손이 마주 잡고 악수할 때에 어느 쪽이 먼저 내밀고 어느 쪽이 그에 응하는지를 우리는 말할 수 없습니다. 왜냐하면 양손은 동일한 공동 신체에서 갈라져 나온 것으로, 오른손과 왼손은 동일한 시간을 살고 있기 때문이지요. 여기에 먼저와 나중은 존재하지 않습니다. 이론상으로는 그렇습니다.

무적에 다다르기 위해서는 오케스트라의 연주자들처럼 타자와 내가, 입력과 출력이, 왼손과 오른손이, 어떤 일을 계기로 무언가를 동시적으로 생성해야만 하는 것입니다.

'우에몽' 하고 불리고, '이 사람이 내게 무슨 용무가 있을까?'라고 생각할 겨를도 없이 간발의 차이도 두지 않고 즉시 답하는 주체, 결국 이름이 불리는 순간과 시간적으로 앞서거나 뒤서거나 하지 않는 '나'를 구축해야만 하는 것이지요.

이 어려운 물음의 답을 '이름이 불리면 즉시 대답할 수 있도록 늘 게

으름 피우지 말고 준비하는 주체'가 되는 것으로 이해하고 그것을 추구해서는 안 됩니다. 그 같은 노력은 허무한 것이 되어 버릴 테니까요.

왜냐하면 '즉시 답하기 위해 늘 게으름 피우지 않고 준비하는 주체'가 제아무리 신속하게 응답한다고 해도 그것은 결코 '즉시 답하는' 것이 아니기 때문이지요. 아무리 정성껏 준비하여 즉각적인 대답을 할 수 있도록 태세를 갖춰도 누군가의 호출이라는 입력이 앞서 있고 그에 대한 대답이 뒤이어 나오는 순서로 일이 일어나는 한 그것은 즉각적인 답이라 할 수 없지요.

시간의 경과에 따라 일이 선후로 잇따라 일어나는 한 우리는 즉시 대답할 수 없습니다. 그러므로 '즉시 답하도록 대비하고 있는 나'라는 것도 소용없는 것이지요.

줄탁지기, 그 순간 새로이 태어나는 나

그렇다면 '즉시 답하도록 대비하고 있는 나'가 아니라 도대체 누가 '즉각 대답하는' 그 행위를 도맡는 것일까요?

누차 말하지만 "우에몽"이라는 입력 신호를 기다리는 주체, 즉시 답하도록 태세를 갖추고 있는 주체, 그런 것을 상정해서는 안 됩니다. 그게 아니라, 이름이 불리는 입력이 있는 바로 그 순간에 새롭게 만들어지는 주체를 다시 정의해야 합니다. 그것이 논리적으로 허용된 유일한 답이지요.

마치 "우에몽"이라고 불리는 일의 마지막 조각이 '딸깍' 하고 끼워지는 순간에, 이제까지 존재하지 않던 새로운 생명체가 한껏 생기를 들이마시고 태어나듯이 그곳에 나타나는 주체, 그것이 유일한 '즉시 답할 수 있는 주체'이지요.

선종에서는 이것을 '줄탁지기啐啄之機'라고 합니다.

알에서 병아리가 부화할 때, 어미 새가 알껍데기를 밖에서 쪼고 안에서는 병아리가 쫍니다. 그 두 가지가 정확히 일치했을 때 병아리가 부화하지요.

'껍질이 깨지길 기다리는 병아리'는 실체적으로 존재하지 않습니다. 병아리는 알껍데기가 갈라짐으로써 비로소 '거기에 부화를 열망하는 병아리가 있었다'는 식으로 소급적으로 인지되는 생물이기 때문이지요. 알이 깨지지 않는다면 병아리는 존재하지 않습니다.

어미 닭에 대해서도 사정은 다르지 않습니다. 어미 새는 '새끼를 가졌다'는 사실로 인해 비로소 '어미'가 되기에 병아리가 출현하지 않는 한 어미 새도 역시 존재할 수 없습니다.

결국 '줄탁지기'라는, '어미 새가 껍질 밖에서 쪼고, 병아리는 안에서 쫀다'는 말 자체가 부정확한 말이라는 것이지요. 어미 새도 병아리도 알이 깨지는 바로 그 순간에 비로소 어미가 되고 새끼가 되기 때문이지

배움은 어리석을수록 좋다

요. 알이 깨지기 전에는 어미 새도 병아리도 존재하지 않습니다. 그렇게 생각할 때에 비로소 석화지기가 갖는 논리적 난점이 풀립니다.

'외부의 호출을 수신하는 주체'라는 것을 사전에 상정해서는 안 됩니다.

"우에몽" 하고 부르는 소리가 들려오기 시작했을 때에는 아직 존재하지 않고, "네"라고 답했을 때는 존재하는 것. 그 같은 우에몽만이 '석화지기'의 시간에 뒤처지지 않고(간발의 차이도 두지 않고) 살아갈 수 있는 것이지요.

그 말을 듣는 주체는, 그 말이 찾아옴으로써 부활하여 이 세상에 태어납니다. 명령하기 전에는 '아직' 존재하지 않고 명령하려고 몸을 일으킨 때에는 '이미' 존재합니다. 그것이 석화지기를 삶의 현장에서 구현할 수 있는 주체입니다.

"우에몽"이라 불린 바로 그 찰나에 마치 그 부름에 "네"라고 즉각적으로 대답할 숙명을 짊어진 것처럼 우에몽이 태어납니다. 그 부름을 계기로 태어나 움직이기 시작한 존재 말이지요.

무적의 탄생

머리 위에 시퍼런 칼날이 번쩍이고 그것이 이쪽을 향해 날아듭니다. 그 일을 계기로 그곳에 '희번덕거리는 칼날 아래서 태어나는, 그야말로 그 칼날에 베이려는 주체'가 생겨납니다.

지금 막 태어난 주체는 '태어난 이래 계속 희번덕거리는 칼날 아래'에 있습니다. 희번덕거리는 칼날 아래에 있는 게 그에게는 인생의 전부이지요.

그런 주체에게는 자신을 향해 날아드는 검의 움직임이 '날랜' 것으로 느껴지지 않을 게 분명합니다. 왜냐하면 '날랜' 것은 '느린' 것과의 상대적인 비교 가운데서만 성립되는 속성이기 때문이지요. 그리고 '희번덕거리는 칼날 아래서 태어난 주체'는 검의 느리거나 날랜 움직임을 비교하고 가늠할 만한 경험을 갖고 있지 않기 때문입니다.

그것은 마치 지구상의 생물이 다른 행성의 생물에게는 치명적인 독소인 산소를 마시며 살아가는 것과 비슷합니다. 우리에게 산소 호흡은 인생 전체에 걸쳐 일어나는 일로, 그것이 치명적인 독이라는 것을 느끼지 못합니다. 산소의 독성은 다른 원소의 독성과 비교하는 가운데서만 성립하는 속성이기 때문이지요.

"우에몽"이라 부르는 소리를 계기로 어떤 주체가 생겨납니다. 그 주체에게는 불릴 때까지 흐르는 시간이 인생의 전부이지요. 따라서 그 주

배움은 어리석을수록 좋다

체의 눈에는 지금 자신을 향해 날아오는, 머리 위의 희번덕거리는 칼날은 떠오르는 아침 햇살처럼 천천히 연이어 움직이는 듯 보입니다(이론상으로는 그렇습니다).

물론 이론대로 되지는 않습니다. 그러나 이 답이 논리적으로는 옳지요. '태어난 뒤 계속 희번덕거리는 칼날 아래 있는 주체'만이 그 상태를 동선의 제약이나 가동역의 축소로 파악하지 않고 느긋하고 여유롭게 살아갈 수 있지요. 나이 듦이나 병, 죽음의 절박함에도 상대적으로 심신의 성과가 조금도 저하되지 않는 주체, 적어도 그렇게 생각하는 주체, 그것이 '무적의 주체'입니다.

논리적으로는 그러할 것입니다. 다음 문제는, 그 같은 무적의 주체를 현실 생활에서 실제로, 그리고 기술적으로 어떻게 만들어 내는가 하는 것입니다.

어떻게
무적이 되는가

무도 수업의 목적은 '무적의 탐구'

앞글에서 무적이라는 개념에 대하여 생각해 봤습니다. 여기서 나의 잠정적인 가설은 '무적이란, 이미 적을 포함한 형태로 이 세계에 탄생한 것'으로서 '나'의 개념을 새로이 하는 마인드 세트Mind Set라는 것이었습니다.

이해하기 쉬운 표현이 아니라 미안합니다만, 이해하기 쉽게 쓰려고 하면 앞에서 말한 내용의 절반을 다시금 여기서 되풀이하지 않으면 안되기에, 또 그랬다가는 언제까지고 이야기가 앞으로 나가지 못하고 제자리를 맴돌게 될 것이기에 그렇습니다.

배움은 어리석을수록 좋다

그래서 이제까지 읽었으나 그 내용을 잊은 사람, 혹은 한차례 내용 정리를 바라는 사람을 위해서 지금까지의 내용을 간단히 요약해 보지요.

적이란, 심신의 성과를 저하시키는 모든 요소를 말하지요. 거기엔 동일한 경기장, 동일한 룰로 이뤄지는 시합에서 우열승패를 겨루는 '라이벌'은 물론 설사나 인플루엔자 바이러스도, 나이 듦과 노화도, 재무 상태의 악화도, 집안싸움도 포함되지요. 그것들은 경우에 따라선 치명적일 정도로 선수의 성적을 나쁘게 만들기도 하기 때문이지요.

"아니, 그렇지 않다. '적'이라는 것은 지금 눈앞에 있는, 나와 너 중 누가 더 센지 승패를 겨루는 '상대'로 한정해야 한다"고 말하는 사람도 분명 있을 것입니다. 스포츠를 하는 사람이라면 보통 그런 식으로 생각하는 게 당연하지요.

그러나 지금 나는 스포츠에 국한하지 않고 무도에 대하여 이야기하고 있습니다.

'적'을 그런 식으로 정의해 버리면 '무적'이라는 것은 이들 모든 요소를 말끔히 제거한 상태가 됩니다. 결국 논리적으로 말해, 배탈도 나지 않고 감기에도 걸리지 않고 나이도 먹지 않고 경제적 불안도 없고 부모도 배우자도 아이도 없는 인간이 '무적'이 되는 것이지요.

물론 이 세상에 그런 사람은 없습니다. 이 세상에 존재하지 않는 걸 '탐구'할 수는 없습니다.

성배도 봉래산(중국 전설에서 신선이 사는 산)도 솔로몬의 보물도,

그것을 찾는 당사자는 '그것이 있다'고 굳게 믿지요. 만일 없다고 생각한다면 애당초 찾을 생각도 하지 않습니다.

다시 한 번 말하지만, 무도 수업의 궁극적인 목적은 무적을 탐구하는 데 있습니다.

물론 무도에 대하여 나와는 다른 정의를 채용하는 사람도 있어서 '강한 신체를 만드는 것', '예의를 갖추는 것', '애국심 함양'을 무도 수업의 궁극적 목적이라 믿는 사람도 있을 테지요. 그러나 무도의 궁극적인 목적은 그런 한정적이고 실용적인 게 아닌 좀 더 어려운 것이 아닐까요?

무도의 목적은 '무적의 탐구'에 있습니다. 그리고 '적'이란 넓은 의미에서 심신의 성과를 저하하는 모든 것입니다.

이것이 이어질 내용을 이해하기 위한 기본 개념입니다. 이 같은 나의 주장에 동의하는 분들은 이 글을 계속하여 읽어 주시길 바랍니다.

먼저 '나'라는 개념을 다시 쓴다

적이라는 개념을 심신의 성과를 저하시키는 모든 요인이라는 식으로 넓게 정의한다면, '무적'이라는 상태는 존재하지 않습니다. 그리고 존재하지 않는 것은 탐구하려 해도 방도가 없지요.

느닷없이 막다른 골목에 갇혀 버린 느낌입니다.

그러나 이것은 좋은 징조입니다. 바로 '초기 설정의 오류'가 있음을 의미하는 것이기 때문이지요.

사실 나는 '적'이라는 말을 정의할 때에 또 다른 말로 풀기도 합니다.

바로 '나'라는 말입니다.

적이라는 건 바로 내 심신의 성과를 저하시키는 것입니다. 언제 어디서나 나와 함께하고, 나를 무너뜨리려고 하고, 나의 가동역을 제한하고, 나의 자유를 훼손하고, 나의 절대적 능력에 거스르고, 나를 두려움에 떨게 만들고, 나를 불안하게 하고…… 그런 것이 '적'이라 정의했습니다.

그렇게 정의할 때에 우리가 빠뜨린 것이 있습니다. 그것은 여기서 말하는 '나'란 누구인가 하는 물음입니다.

'나'에 대한 정의를 애초에 염두에 두지 않은 건 '나'는 모든 주장에 앞서 이미 자명한 것으로서 존재한다고 믿기 때문이지요. '나는 나다. 달리 뭐라 정의할 수 있는가'라고 말이지요.

그러나 너무도 당연한 나머지 그 정의의 적절성에 대한 검증을 게을리했던 것이 '초기 설정의 오류'였던 것입니다.

예부터 무도 교본을 반복하여 가르쳐 온 것은 '나'라는 개념을 바꿔놓지 않으면 애당초 아무것도 시작되지 않기 때문입니다.

물론 무도 수업을 해온 자라면 누구든 '무념무아無念無我', '측천거사則天去私(자아를 버리고 자연의 이치에 따르다)', '범아일여梵我一如(우주와 인간은 하나다)'라는 말을 들어봤을 것입니다. 더불어 자주 '아집을 버리지 않으면 기예는 숙달되지 않는다'는 말도 들었을 것입니다. 그런데 과연 그 의미를 알기는 하는지…….

'옳거니, 오늘부터 아집을 버리겠어'라고 결심해 본 사람이라면 누구나 알 테지만(나는 이런 적이 있어 잘 압니다), '오늘은 얼마나 아집을 버렸지?'라는 자기점검을 피해갈 수 없습니다.

'오늘 좀 기분 나쁜 소리를 들었지만 잘 참아 화내지 않았다. 그리고 전차 안에서 할머니에게 자리를 양보했고…….' 이런 식으로 자기점검을 하고는 '꽤 아집이 줄었다'고 자기평가를 내리는 순간에 문득 제정신으로 돌아오면(이렇게 되면 본전까지 잃고 말지요) 의문이 생기지요. '이런 식으로 자기점검·자기평가를 하는 건 대체 누구인가?' 하고 말이지요. '아집이 줄었다'고 자기점검을 하고 '참 잘했다'며 자기만족을 하는 이 '자신'을 '나'라 부르지 않는다면 대체 뭐라 부르면 좋을까요?

아집을 버리는 노력이 얼마나 달성되고 성과를 거뒀는지를 자기평

배움은 어리석을수록 좋다

가 하는 한, 그 노력은 아집을 '강화'하는 방향으로밖에 작용하지 않습니다.

'아집을 버린다'는 건 그것을 버리기 전에 '아집을 버리자'고 결심한 주체 자체가 어딘가로 감쪽같이 사라져 버리지 않으면 안 됩니다. 외관상 아집을 버린 경지에 다다른 것처럼 보이기에 곁에 있는 사람이 "드디어 아집을 버렸군요"라며 칭찬해도 "뭐? 대체 누구 얘기를 하는 건지……"라며 당혹감을 감추지 못하는 그런 사람이 아마도 아집을 버린 사람이지요.

결국 '아집을 버린 나'라는 건 처음에 '나는……' 하고 말한 '나'와는 완전히 다른(혹은 원래 '그 사람'이 아닌) 사람인 것입니다. '아집을 버린다'는 건 내가 무언가 유용한 기술이나 실용적인 능력을 외부에서 습득한 결과를 말하는 게 아니라 '나'라는 개념이 해체되어 가는, 현재진행형의 생동감 넘치는 과정 그 자체를 가리킨다는 뜻입니다.

'지켜야 할 나'를 잊을 때 최강이 된다

나카지마 아츠시中島敦(소설가)의 단편소설 중 〈명인전〉이라는 작품이 있습니다. 예술의 깊은 뜻을 탐구하는 '나'는 그곳에 다다랐을 때 '깊은 뜻을 탐구한다'는 처음의 동기조차 잊고 '아무도 아닌 자'가 되어 버린다는 역설적인 내용의 작품이지요.

중국 초나라 시대 천하제일 궁弓의 달인으로 꼽히는 기창紀昌이라는 젊은 사람이 살았습니다. 그는 엄청난 수업을 견디고 초인적인 기술을 체득했지요. 그는 자신의 기술을 시험하기 위해 스승인 비위飛衛에게 도전장을 내밉니다. 그리고 멀리서 걸어오는 비위를 향해 활을 쏘는데, 그것을 알아차린 비위는 활을 집어 응사합니다.

두 사람이 서로 활을 쏘면 그때마다 공중에서 어우러져 땅에 떨어졌다.

이토록 무시무시한 실력을 가진 제자를 향해 스승 비위는 "더 이상 가르칠 게 없다. 네가 더욱 심오한 경지에 이르기를 바란다면 깊은 산 속에 사는 감승甘蠅 노사를 찾아가 배워라"라고 말합니다. 그리고 기창은 먼 길을 떠나지요. 감승 노사는 백세를 넘긴 백발노인이었지만, 활도 화살도 사용치 않는 '불사지사不射之射'의 경지를 보여 기창의 간담을

배움은 어리석을수록 좋다

서늘하게 만듭니다. 그 이후 9년간 기창은 노사 밑에 머물렀습니다.

이후의 일은 나카지마 아츠시의 원문 그대로를 인용해 보지요.

9년이 지나서 산을 내려왔을 때, 사람들은 기창의 얼굴 생김새가 달라져 있는 데 놀랐다. 이전에 지는 것을 싫어했던 예리하고 사나웠던 기백은 어디론가 감쪽같이 사라지고, 아무 표정도 없는, 목각 인형인 양 바보 같은 용모로 바뀌어 있었다. 오랜만에 옛 스승인 비위를 찾아갔을 때, 그러나 비위는 제자의 얼굴을 얼핏 보고는 감탄하여 소리쳤다. "이제 비로소 천하제일이 되었구나. 나 같은 자는 발밑에도 미치지 못한다."

그 뒤 기창은 활의 묘기를 전부 보이려 하지 않았습니다. 활조차 손에 들려고 하지 않았지요. 그러나 그 명성은 나날이 높아져 하늘을 나는 새조차 그의 활을 두려워하여 기창의 집 쪽 하늘은 피해 갈 정도였습니다.

그리고 산을 내려온 뒤 40년간 단 한 번도 활을 잡지 않았던 기창은 연기처럼 조용히 세상을 떠났지요.

그의 생전 마지막 일화가 남아 있습니다.

어느 날 늙은 기창이 지인인 허計의 초대를 받고 갔을 때, 그 집에서

기구 하나를 봤다. 분명 눈에 익은 도구인데, 도무지 그 이름이 떠오르지 않고 그 용도조차 생각나지 않았다. 노인 기창은 그 집 주인에게 물었다. 그것은 뭐라고 하는 물건이고, 또 무엇에 쓰는 것인지를.

이상 《산월기 이릉》 중 〈명인전〉, 나카지마 아츠시 저, 이와나미 문고, 1994년

주인은 당혹감에 말문이 막혔습니다. 물론, 그것은 활과 화살이었습니다.

기창이라는 이름은 《장자》 달생편에 나오는 '목계木鷄'라는 일화 속 주인공의 이름과 발음이 같습니다.

일본의 유명 스모 선수 후타바야마双葉山가 좌우명으로 삼았던 것으로 널리 알려진 '목계'의 이야기는 다음과 같습니다.

기성자紀省子라는 사람이 왕을 위해 싸움닭을 키워 훈련시켰는데, 생각처럼 잘되지 않았습니다. 며칠이 지나도 적을 찾아 위협하는 데만 열중했지요. 간신히 40일이 지나서 드디어 싸움닭을 완성시켰습니다. 기성자는 왕에게 그 상황을 이렇게 설명합니다.

이제 되었다. 이제 상대방이 어떤 소리를 질러도 아무런 반응을 하지 않는 완전한 평정심을 찾았다. 드디어 목계가 되었으니 이제 세상의 어떤 닭도 이 닭을 본다면 도망가고 말 것이다.

배움은 어리석을수록 좋다

이 두 일화는 결국 같은 이야기입니다. 적을 잊고, 나를 잊고, 싸우는 것의 의미를 잊었을 때 비로소 사람은 최강이 됩니다. 최강의 신체 운용은 '지켜야 하는 나'라는 관념을 포기했을 때 비로소 획득할 수 있는 것입니다.

미래에 대한 예견을 갖지 않는다

무적이라는 말의 의미를 음미하면서 우리는 '적이란 무엇인가'라는 정의부터 살펴봤습니다. 그리고 '적'이라는 카테고리에 끼워 넣을 수 있는 모든 요인을 열거하는 과정에서 막다른 골목에 들어서고 말았지요. 적으로 인식되는 것을 리스트로 작성하는 게 끝이 아니라는 걸 깨달았기 때문입니다.

그래서 이야기는 다시 출발선으로 돌아옵니다.

적은 자신의 눈앞에 있어 자신의 존재를 위협하고 자신의 가동역을 제약하고 자신의 심신을 저하시키는 것이라 정의했을 때, 우리는 무의식중에 '자신'이라는 것을 의심할 바 없는 것으로 간주했습니다. 바로 이 '간주한다'는 게 첫 단추를 잘못 꿰는 일이었지요.

적을 없애기 위해서는 적을 없애는 게 아니라 '이게 적'이라 생각하는 '나'를 지우면 됩니다. 논리적으로 그것으로밖에 풀 수 없습니다.

'나를 지운다.'

참 말하기는 쉽습니다. 그러나 그것을 어떻게 달성할 수 있을까요?

'나를 지운 나'에 대하여 자기점검을 하고 얼마만큼 달성했는지를 체크하여 성과가 있다면 자화자찬하는 한 영원히 '나'를 벗어던질 수 없습니다. 따라서 자기점검 금지, 자기평가 금지, 자화자찬 금지!

그렇다면 대체 무엇을 단초로 '나'의 변화(원하건대 '성장')를 점검할

배움은 어리석을수록 좋다

수 있을까요?

이 물음에 이르러 드디어 왜 〈명인전〉의 기창이 '목각인형인 양 바보 같은 용모'로 바뀌고, 왜 기성자가 싸움닭을 육성하는 데 있어 무표정하게 반응을 보이지 않는 장식물 같은 걸 이상으로 생각했는지 그 의미에 대한 검토가 시작됩니다.

목각인형인 양, 바보 같은, 목계 같다는 묘사가 공통적으로 뜻하는 것은 무엇일까요?

그것은 일단 '의사意思를 갖지 않는다'는 것입니다. '의사'라고 해도 좋고, '계획'이라 해도 좋고, '예단'이라 해도 좋고 혹은 '쓸데없는 근심'이라 해도 좋습니다. 어떻게 말하든 그것은 미래에 대한 예견을 하지 않는 것을 의미합니다.

'미래를 예측하지 않는 것', 그것이 여하튼 무적을 탐구하기 위한 첫걸음을 내디딜 때에 실마리가 되는 '나'의 조건입니다.

목각인형, 꼭두각시, 허수아비가 되라

나카지마 아츠시가 말한 '목각인형'이라는 말을 우리는 무술 교본에서
도 찾아볼 수 있습니다. 야규 무네노리柳生宗矩(에도시대의 무장)는 《병
법가전서》(이와나미 문고, 1985년)에서 병법자의 이상적인 신체 운용
에 대하여 이렇게 적고 있습니다.

> 훈련이 거듭되면 신속하게 잘 움직이려는 생각을 하지 않고, 무슨
> 일을 하든 생각을 벗어던지고 마치 무념무상으로 춤추는 목각인형
> 道幸の坊처럼 움직인다.

'道幸の坊(도코노보)'는 주석에 의하면, 노래에 맞춰 춤추는 꼭두각
시를 말합니다.

수련을 거듭하면 잘 움직이려는 의식이 사라지고 무언가 일할 때도
무념무상이 되어 마치 꼭두각시가 춤추는 것처럼 된다는 의미입니다.
'꼭두각시'만이 무도적 신체 운용의 이상이라고 야규 무네노리는 말하
고 있는 것이지요.

그의 스승인 다쿠안 소호 선사는 같은 의미에서 '허수아비'라는 말
을 사용하고 있습니다.

　　　　　　　　　　　　　　　　　　배움은 어리석을수록 좋다

최고 경지에 이르면 손발이 기억하여 마음이 일절 개입하지 않아도 움직인다. (…) 야마다의 허수아비라는 인형을 만들어 활과 화살을 쥐여 놓았다. 새나 짐승은 그것을 보고 도망친다. 이 인형에 일절 그런 마음은 없지만, 사슴이 겁을 먹고 도망가면 도움이 되지 않을 수 없다. 온갖 도에 이른 사람의 행동과 비유하면, 손발을 움직여도 마음이 머물지 않고, 마음이 어디에 있든 무념무심으로 야마다의 허수아비처럼 되어 버린다.

꼭두각시 다음은 '야마다의 허수아비'입니다.

하리가야 세키운針ヶ谷夕雲(에도시대의 검술가)의 도통道統을 잇는 마리 야엔시로真里谷円四郎의 《전집》에는 검법으로서 다음과 같은 기술이 있습니다.

선사의 가르침에 따라 태어난 그대로의 존재로서 칼을 뽑아 들고, 나서지도 물러서지도 않고, 외형에 사로잡히지 않고 느낌이 오는 곳으로 칼을 내리친다.

검을 다루는 주체는 여기에서는 '태어난 그대로의 존재' 즉 갓난아이입니다. 갓난아이처럼 그저 칼을 뽑아 들고 나서지도 않고, 물러서지도 않고, 외형에 사로잡히지 않고, 느낌이 오는 곳으로 칼을 내리칠 수 있다면 최고 경지에 있다는 의미지요.

　대체 그들은 무슨 이야기를 하는 것일까요? 그에 대하여 말하려던 참이었지요. 다음 글에서 이야기를 이어가 보지요.

배움은 어리석을수록 좋다

'약함'을
연구하다

'천하에 적이 없다'는 말은 허언인가

야규 무네노리나 다쿠안 소호는 무술적인 신체의 이상적인 모습을 '목각인형'이나 '허수아비'라는 말로 표현했습니다. 대체 그들은 그 말로 무엇을 이야기하려고 했던 것일까요?

무도적인 주체의 이상을 '의사를 갖지 않은 인형 같은 존재'로 이미 지화하여 보인 의도에 대하여 생각해 보고 싶습니다.

바꿔 말하면, 인습적인 의미로서의 '나'를 근본적으로 의심한다는 것입니다. 이제까지의 내용을 복습할 겸 앞으로 돌아가 내용을 정리해 보겠습니다.

[지금까지의 내용 요약]

'천하무적(천하에 적이 없다)'이 무도가가 생애를 걸어 목표로 삼아야 하는 기술적인 과제라는 것에 이의를 제기하는 분은 아마 없을 것입니다.

그러나 그것을 자신이 조우하는 '적'을 차례로 칼로 베고 쓰러뜨려 죽이고 불태워 버리는 것이라 해석할 수는 없습니다. 누가 생각해도 그런 일은 현실적으로 불가능한 일이지요. 본디 그런 걸 일생의 과제로 삼아 실제로 성공한 사람이 있었다고 해도 아무도 그를 롤모델로 삼고 살아갈 생각은 하지 않을 것입니다.

하물며 그 자신도 사람들의 롤모델이 되는 걸 한사코 거절할 것입니다. 자신 같은 사람이 배출된다면 가장 큰 손실을 입는 것은 바로 그 자신일 테니 말이지요.

그러나 무도는 오랫동안 일본에서(넓게는 동아시아 내에서) 자기육성을 위한 왕도로 여겨져 왔습니다. 결국 가능하다면 만인이 마땅히 그처럼 돼야 하는 인물의 이상적인 모습으로 생각했던 것이지요.

그렇다는 건 '천하무적'이 자신의 가동역을 제약하고 자신이 나아가려는 길을 막아서는 것을 모조리 쓰러뜨리고 섬멸하는 폭력적이고 자기중심적인 모습을 말하는 것은 아니라는 것이지요.

그러나 아무리 생각해도 일상적인 이해관계에서 '적'은 존재합니다. 그것은 외교적으로 긴장 관계에 있는 이웃나라일 수도 있고, 한정

배움은 어리석을수록 좋다

된 이권을 두고 경합하는 집단일 수도 있고, 출세 경쟁에 맞서는 라이벌일 수도 있지요. 다양한 규모에 모습도 각양각색이지만, '나'의 가동 역을 한정하고 내 삶의 선택지를 한정하고 내 성과의 질을 떨어뜨린다는 점에서는 공통점이 있습니다.

서두에서 말했듯이 천재지변도, 사회제도의 미비도, 이데올로기도, 미신도, 가정불화도, 연인의 배신도, 치명적인 바이러스도 모두 내 심신의 성과가 최상의 상태로 발전하는 것을 방해한다는 점에서 '적'이라는 카테고리로 분류할 수 있습니다.

원리적으로 말하면, 우리는 대부분 '적'에 빼곡하게 둘러싸인 상태에서 살아가고 있습니다. 이들 모든 '적'을 쓰러뜨리는 건 근본적으로 불가능합니다. 무엇보다 '나'의 성과를 가장 확실하게 약화시키는 요소 중 하나는 '나이 듦'이지만, 이 요소를 제거하는 데 성공하여 승리한 사람은 역사상 단 한 사람도 존재하지 않습니다.

그렇다면 '천하무적'이란, 논리적으로 허언이 되어 버리지요. 그러나 그 같은 공허한 목적을 위해 우리는 매일 수업에 힘을 쏟을 수 있을까요?

아니, 그럴 리가 없습니다.

그렇다면 '천하무적'이라는 중요한 문구에 대한 해석에 있어 우리는 처음부터 과오를 범한 것이 됩니다.

'적'이란 '나'의 심신의 성과를 떨어뜨리는 것이라는 게 우리가 채용한 정의입니다. 이 정의는 얼핏 보면 결함이 없습니다.

그러나 논리적으로는 모순이 없는 정의가 현실적으로는 맞지 않습니다. 어딘가 잘못된 것이죠. 어디가 잘못된 것일까요? 이 책의 논점은 여기서 시작됩니다. 대략 이 정도로 지금까지의 내용을 요약할 수 있습니다.

배움은 어리석을수록 좋다

내가 합기도에 입문한 이유

이렇게 '적'을 정의하면 논리적으로 막다른 길에 다다르고 말지요. 그렇다면 이 정의의 키워드 중 어느 하나가 잘못 정의되었을 가능성이 높습니다.

'나'나 '심신', '성과'나 '저하' 중 어느 것의 정의에 오류가 있는지 생각해 보지요. 앞글에서 말했듯이, 나의 가설은 '우리는 '나'에 대한 정의를 잘못 내렸다'는 것입니다.

'나'라는 말을 우리가 일상적으로 사용하는 의미로 해석해서는 안 됩니다. 그것이 선현들의 가르침이 아닐까요?

이어지는 내용은 다소 복잡한 이야기가 될 것이라 구체적인 실례로 이야기를 시작해 보지요. 바로 나 자신의 이야기입니다.

이미 여러 곳에 썼지만, 내가 합기도에 입문한 첫 동기는 '길거리 싸움에서 지지 않겠다'는 아주 얄팍하기 그지없는 것이었습니다. 그런데 1970년대 초반 대학 캠퍼스에서는 마주치는 순간에 종종 치고받고 싸우는 상황이 벌어지곤 했습니다.

나는 '이것만큼은 양보하지 않는다'는 정치적이라기보다 윤리적인 소신을, 나와는 의견이 다른 사람들의 폭력적인 윽박에 굴복하여 철회하고 싶지 않았던 것이지요.

물론 주먹으로 두드려 맞든 발로 차이든 '내 뜻을 절대 철회할 수 없다'며 단호하게 주장하는 모습은 그야말로 영웅적이라고 할 수 있습니다. 그러나 나는 신체적 고통에 매우 약한 인간인지라 아마도 일정 수준 이상의 고통에는 견디지 못하고 볼썽사납게 비영웅적인 행동(친구를 두고 도망치거나 무릎 꿇고 사죄하거나 하는)을 할 가능성이 있었습니다. 그만큼 나 자신의 '약함'을 자각하고 있었지요.

게다가 나는 어린 시절에 심장질환을 앓은 적이 있어 초등학교 고학년까지 달리기도 점프도 수영도 금지되어 있었습니다. 이 같은 부정적인 초기 조건이 있었습니다. 다른 아이들은 들판이나 교정을 마음껏 뛰어다니며 몸을 만들고 신체 사용법을 익히는 동안에, 나는 그런 급우들을 멀거니 바라보며 책을 읽었지요.

그런데 사춘기에 접어들어 부쩍 키가 크기 시작하면서 오랫동안 나를 괴롭혀 온 심장변막 기능이 정상으로 돌아와 돌연 평범한 사람들처럼 달리고 헤엄칠 수 있게 되었습니다. 하지만 운동 능력이 발달하는 시기에 적정한 훈련을 하지 않은 탓으로 쉽게 또래 아이들의 체력만큼 회복할 수 없었지요. 그런 탓으로 나는 '강함'보다도 오히려 '약함'과 어떻게 맞서야 하는가 하는 물음을 먼저 생각해야 했던, 나만의 역사적 조건이 있었습니다.

나는 강해지기 위해 합기도에 입문한 것이 아닙니다. 오히려 나 자신의 '약함이 초래하는 재앙'을 최소화하기 위하여 입문했습니다.

이 같은 동기는 그 이후 40여 년에 걸친 수업 과정 전체에 변함없는

배움은 어리석을수록 좋다

모습으로 늘 밑바닥에 흘렀고, 소소하지만 특수한 이 입문 동기가 결과적으로 나의 합기도에 대한, 넓게는 무도 일반에 대한 기본적인 마음가짐이 되었습니다.

왜냐하면 강해지기 위해 나아가는 방향과 자신의 약함이 초래하는 재앙을 최소화하기 위해 나아가는 방향은 상당히 다르기 때문이지요.

강해지려는 사람이 '강함'에 대하여 연구하듯 나는 '약함'을 연구하는 사람이 되었습니다. '약하다'는 건 어떤 것일까요? 그것은 어떤 요소로 구성되어 있고, 어떤 구조를 가지고, 어떻게 기능하고 있을까요?

나 자신의 약함에 대하여 연구하는 것. 그것이 내게 최우선 과제였습니다.

'왜 나는 약한가?' 이 질문은 통상 분노나 원한, 분개 같은 부정적인 감정을 동반하며 불평하듯이 나옵니다.

그러나 나의 경우는 그렇지 않았습니다. 수업의 초기 조건이 '신체적인 허약'이었기 때문이지요. '약하다'는 것은 내가 도저히 피해 갈 수 없는 초기 설정으로 그것을 부정한다면 애당초 아무것도 시작되지 않습니다.

내 신체를 지배한다는 만족감

보통 운동선수는 '신체적 능력은 어떠한 부하를 가하면 강화되는가?'라는 식의 의문을 가집니다. 그러나 나는 신체가 너무 약한 탓으로 이 물음을 채용할 수 없었습니다. 그리고 '부하라는 입력'과 '강화라는 성과'가 상관하는 방정식을 그저 곁에서 관찰하기만 했지요.

그때 기묘한 사실을 알게 되었습니다. 그것은 아마도 부상으로 심각한 슬럼프를 경험하면서 이제까지 소화해 온 '강화 메뉴'를 더 이상 해내지 못하게 된 선수가 깨닫는 것과 같지 않을까요.

매일 몇 킬로미터를 달리면 심폐기능이 얼마만큼 향상하는가? 웨이트트레이닝을 어떤 메뉴로 실행하면 근육이 얼마만큼 증강하는가? 이런저런 영양소를 얼마만큼 섭취하면 신체는 어떻게 변하는가? 이러한 질문을 우리는 '과학적'이라 말합니다.

그러나 노력과 성과의 상관 체계에는 심각한 결함이 있습니다. 그것은 우리 인간의 신체를 간단한 메커니즘으로 생각한다는 점이지요. 입력 부하가 n퍼센트 증가하면 신체 능력이 n퍼센트 향상한다, 그런 단순한 메커니즘으로 우리 자신의 신체를 생각하게 되는 것입니다.

물론 살아 있는 육신에 그같이 단순한 방정식을 적용할 수는 없습니다. 그러나 '강화'라는 것을 우선적으로 생각하면 아무래도 노력과 성과 사이의 상관관계를 수치적으로 확인하고 싶다는 욕망에 사로잡히고

배움은 어리석을수록 좋다

말지요. 시간, 거리, 승률, 득점, 순위처럼 숫자로 나타나는 결과에 '강화형' 선수는 강한 집착을 보입니다.

그 극적인 사례가 다이어트입니다. 다이어트에 성공한 사람들의 경험담을 들어보면, 다이어트가 가져오는 최대 희열은 자신의 노력이 즉각적으로 수치화된 데이터로 표시된다는 데 있다고 합니다.

자신의 의지로 신체를 실제로 변화시키고 있는 것이 분명한 수치로 표시되었을 때, 그것이 가져오는 '나는 내 신체를 지배한다'는 자부심과 만족감은 실로 강렬하지요. 그 결과, 그들은 다이어트에 '중독'되어 버립니다.

물론 충분한 영양을 섭취하지 않으면 신체는 '조속히 영양 보급을 해달라'는 신호를 발신하지요. 그러나 다이어트 하는 사람들은 이 회로를 의도적으로 끊어 버립니다. 그리고 신호를 계속하여 무시하는 동안에 식욕이라는 게 어떤 것인지를 잊고 이윽고 섭식장애라는 회복하기 어려운 증상으로 옮겨 갑니다.

우리가 무언가에 중독되어 빠져드는 것은 그것이 '나는 나의 신체를 지배한다'는 자부심과 만족감을 가져다주기 때문입니다. 다이어트도, 자상행위도, 도박중독도, 알코올중독도 마찬가지입니다. 문제는 '나의 신체를 통제한다'는 자부심이 가져오는 기쁨일 것입니다.

강화형 운동선수가 빠지기 쉬운 함정

역설적인 일이지만 '중독addiction(기벽)'이라는 병태의 확산은 '입력과 출력이 서로 관여하는 체계'가 우리에게 얼마만큼 기쁨을 가져다주는지를 가르쳐 줍니다. 한 번 그 짜릿함을 맛본 사람은 '좀 더 강한 입력'을 갈망하는 것밖에는 생각하지 않지요.

이것이 강화형 선수가 빠지기 쉬운 함정입니다.

'노력과 성과의 상관관계를 수치로 확인하고 싶다'는 욕망은 신체 사용법 자체를 갱신하는 데는 강한 장애로 작용하기 때문이지요. 육상 선수가 주법을 바꾸고, 수영선수가 영법을 바꾸고, 야구선수나 골퍼가 스윙을 바꾸는 데 강한 저항감을 가지는 건 신체 사용법을 바꾸면 성과가 향상된다는 것을 불신하기 때문이 아니라, 신체 사용법을 바꿨을 때 '대체 무엇을 계측하면 좋은지 알 수 없는' 게 두렵기 때문입니다.

신체 사용법을 바꾸면 반드시 신체적인 출력은 변합니다.

그러나 그때에 변한 값은 이제까지 사용해 온 도량형으로는 헤아릴 수 없습니다.

근육 강화를 오로지 부하되는 중량에 따른 킬로그램 단위로 계측하고, 그것으로 신체를 통제하고 있다는 '실감'을 만끽해 온 선수는 '신체를 면밀히 사용하게 된' 것도 '동작이 아름다움을 자아내는' 것도 '운동 정확도가 높아진' 것도 수치로 나타낼 수 없습니다.

분명 움직임은 달라졌습니다. 그러나 무엇이 어떻게 변했는지를 수치로 표시할 수 없지요. 마치 '자'로는 무게를 측정할 수 없고 '저울'로는 시간을 측정할 수 없는 것처럼 말입니다. '운동의 질이 변한다'는 건 그런 것이지요.

　그러나 제 몸을 실제로 통제하고 있다는 실감을 수치를 통해 확인해 온 선수는 노력에 대한 성과를 수치적으로 생각할 수 없는 사태에 순응할 수 없습니다.

　그에 대하여 대학 동료 교수이자 무용가인 시마자키 토루島崎徹 선생님에게 물은 적이 있습니다.

　발레 스쿨에서는 오전 레슨을 끝낸 뒤 학생들이 각자 자신의 과제를 연습하는 시간을 갖는다고 합니다. 그때 모든 학생들이 예외 없이 어떤 동작을 연습한다고 하더군요. '전 세계 어느 곳이든 똑같다'는 게 시마자키 선생님의 말씀입니다.

　그들은 피루엣(한쪽 발끝으로 서서 회전)을 연습하는 것입니다. 전 세계의 모든 발레 스쿨에서 혼자 연습하는 시간에 모두들 오로지 피루엣을 연습하는 것이지요. 그것은 왜일까요?

　"회전 횟수를 셀 수 있기 때문이지요."

　발레에서 신체 조작의 아름다움을 구성하는 요소는 무한합니다. 그러나 신체 조작의 아름다움에 깊이 관여하는 견갑골이나 고관절의 사용법, 속근육 사용법은 도저히 수치적으로는 표현할 수 없습니다.

그러나 피루엣은 셀 수 있습니다. '나는 16회전 했다'고 말하는 사람은 '10회전밖에 못 한' 사람에 대하여 분명 우월감을 가질 수 있습니다.

'신체를 통한 미적 표현이란 무엇인가?' 이러한 답이 없는 의문을 기피하고, 우선 기술 향상을 수치적으로 확인하려는 태도에서 시마자키 선생님은 발레의 추락을 보았던 것이지요.

감점법을 채용해선 안 되는 이유

이와 같은 일은 모든 분야에서 일어납니다. 합기도는 지금 그런 폐해를 면할 수 있었지만, 언제나 똑같은 함정이 우리를 기다리고 있다는 사실을 결코 잊어서는 안 됩니다.

말할 나위도 없이 합기도에는 시합이 없습니다. 승패나 강약을 논하지 않지요. 기술이 뛰어난지 아닌지에 대해서도, 그건 누가 잘하더라 못하더라 하는 비평적 언사도 입에 담아서는 안 됩니다. 그런 암묵적인 약속이 있습니다. 그것은 왜일까요?

이전 다다 히로시 선생님에게 "어째서 타인의 기술을 비판해서는 안 됩니까?"라고 물은 적이 있습니다.

선생님은 "다른 사람의 기술을 비판한다고 내 실력이 느는 건 아니니까. 비판해 내 실력이 좋아질 것 같으면 나도 온종일 타인의 기술을

배움은 어리석을수록 좋다

비판할 것"이라며 얼굴 가득 웃음을 띠고 말씀하시더군요.

"그렇군요"라며 나는 고개를 끄덕여 보였는데, 사실 다다 선생님이 무슨 말씀을 하시는지 온전히 이해했던 건 아닙니다. 타인의 기술이 뛰어난지 그렇지 않은지를 시시콜콜 논하는 것은 결코 고상한 행동이라 할 수 없지만, 자기훈련의 단초로 삼을 수는 있지 않을까 하는 생각이 들었기 때문입니다. 비판에 의해 강화되는 '감점법'이라는 사고방식 자체가 '부정적인 힘'을 잉태한다는 사실을 깨닫기까지 그로부터 어언 10여 년의 세월이 걸렸습니다.

감점법은 타인에게 적용하든 자신에게 적용하든 얻는 것보다 잃는 게 많은 사고방식입니다. 눈에 핏발을 세우고 '감점'해 봤자 그것으로 어떤 기술 향상도 꾀할 수 없습니다.

일단 감점할 수 있다는 것은 '만점을 안다'는 걸 전제로 하기 때문입니다. 시험 답안 채점과 마찬가지로 '만점 답안'이 수중에 없다면 채점할 수 없습니다.

무도적인 신체 운용에 '감점법'을 적용하는 사람은 '나는 이상적인 만점의 신체 운용이 어떤 것인지를 안다'는 것을 (가상적으로라도) 전제로 하지 않으면 안 됩니다. '100점짜리 움직임'이라는 것을 가상적으로 먼저 알고 있기에 눈앞에 있는 다른 사람의(혹은 거울에 비친 자신의) 움직임을 '35점', '65점'이라는 식으로 점수화할 수 있는 것이지요.

그러나 생각해 보면 자명한 일로, '완성형'이라는 것을 가상적으로 먼저 안다는 것은 단일 도량형에 안주하고 있다는 걸 의미합니다.

하지만 무도적인 측면에서 보면 이것은 매우 치명적이라 할 수 있습니다. 그것은 무도에 있어 신체 기술의 향상은 대부분 '이제까지 그 같은 신체 사용이 가능한지 생각도 해본 적 없는 사용법'을 발견하는 방식을 취하고 있기 때문이지요.

이제까지 자신의 신체 운용을 설명할 때에 구사해 온 어휘로는 도저히 설명할 수 없는 움직임, 그 같은 것을 '해냈다'고 생각한 뒤 '나는 지금 대체 무엇을 했는가?'라는 소급적인 의문이 생깁니다. 그것이 난관 돌파breakthrough(극복, 약진)라는 경험이지요.

그 같은 움직임이 이미 만점 답안을 전제로 행해지는 감점법으로 점수화될 리 만무하지요. 존재하는 줄도 몰랐던 근육이나 관절, 인대나 내장의 사용법에 대하여 나 자신이 아무리 가상적으로라 해도 '만점 답안'을 알 리 없으니까요.

그리고 나는 무도를 선택했다

무도적인 기법에서 난관 돌파란 어제까지 자신의 기량을 계측하기 위해 사용했던 '자'가 오늘은 더 이상 소용없게 되는 형태를 띱니다. 달리 말해, 그것은 '나의 심신 성과 향상'을 말할 때의 '나'가 이미 어제와는 다른 사람이 되었다는 의미입니다. '어제의 나'가 지향했던 곳과는 다른 곳에 '오늘의 나'가 다다르고 말았다는 것입니다. 굳이 비유하자면 '미국을 향해 노를 젓고 있었는데 용궁에 다다르고 말았다'는 식으로 말이지요.

이때의 변화를 '숙달'이나 '향상'이라는 상대적인 말로 표현하는 것이 적당할까요? 여기에는 무리가 있습니다. 무도에 있어 수업 과정은 '나는…'이라고 말하는 수업의 주체가 연속적으로 다른 것으로 바뀌어 가는 여정인 것이니까요.

본론으로 돌아가지요.

나는 자신이 '약하다'는 전제에서 출발했습니다.

그 약함이 불러오는 재앙을 최소화하기 위해서는 어떻게 하면 좋을까요? 수치적으로 계측할 수 있는 신체 능력에 대해 말한다면, 이미 나는 출발선에서 크게 뒤쳐져 있었지요. 근력이든 심폐 능력이든, 이것을 동일 도량형 상에서 회복하는 것이 불가능하지는 않더라도 내게는 매우 어려운 과제였습니다.

그렇다면 내게 남겨진 방법은 일반적으로 적용되는, 입력과 출력이 상관하는 선형방정식을 물리고, 오히려 나의 신체 능력이 시작 시점에서 여하튼 표준적인 수준에 놓이는 특수한 도량형을 찾아서 적용하는 수밖에 없었습니다.

어떤 일에서 성공한 사람은 보통 이직에 대하여 그다지 생각하지 않습니다. 수치적으로 계측할 수 있는 신체 능력이 높은 사람은, 자신의 성공 체험 때문에 노력과 성과가 상관하는 선형방정식적인 신체 운용에서 벗어나지 못합니다.

하지만 내게는 그 방법밖에는 없었지요. 안주하는 게 어떤 신체적 결함보다도 중한 핸디캡으로 작용하는 경기장을 선택하는 것 말이지요.

따라서 나는 필연적으로 무도를 선택했던 것입니다.

'안주'에서
벗어나기

약함과 무지의 공통점

앞뒤 글의 내용이 무리 없이 연결되도록 '지금까지의 내용 요약'을 정리해 넣었는데, 이번에는 다행히 화제가 바뀌기 때문에 '내용 요약'은 하지 않아도 될 것 같습니다. 앞부분까지는 '이론', 여기서부터는 '기법'에 대한 이야기가 될 것입니다.

내가 나의 도장(개풍관)에서 어떤 수련 방법을 채용하고 있는지, 그 시행착오에 대한 보고로 이번 이야기를 마칠까 합니다(지면이 부족하다면 '기법'에 관한 것은 다음 글에서 이어가도록 하지요).

나의 도장은 특수한 내력을 갖고 있어 수련 방법도 매우 독특하니다. 합기도를 해본 사람은 계파가 달라도 잠시 함께 훈련하는 동안에 '이런 걸 하려고 했구나' 하고 이해할 수 있지만, 여기는 얼핏 보고는 놀라서 다시는 찾아오지 않는 무도인도 많습니다. 어떤 점이 특수하고 어떤 점이 독특한지에 대해서 설명해 보지요.

앞글에서 말했듯 나는 자신이 '약하다'는 걸 전제로 훈련 체계를 세웠습니다. 약함이 어떤 구조를 가지고 인간의 잠재적 가능성의 개화를 활발하게 저해하는지, 그것이 애초 내가 갖고 있던 관심사였지요.

보통은 '어떻게 나를 강하게 만들 것인가'에 대하여 집중적으로 생각하는데, 나는 거꾸로 '왜 이토록 약한가'에 대하여 집중적으로 생각했던 것이지요.

그것은 앞에서 말했듯 내가 허약한 아이였다는 개인적인 과거사 때문인데, 다른 한 가지는 업무상 많은 철학서를 읽은 탓도 있습니다.

선현들은 '약함'에 대해서 그다지 말하지는 않았지만, '무지'에 대해서는 깊이 있는 사고를 들려주었지요. 내가 생각하는 무도적인 의미에서의 '약함'과 철학자가 고찰하는 '무지'는 거의 동일한 구조를 가지고 있습니다. 그것은 '변화하는 것에 대한 강한 억제'입니다.

배움은 어리석을수록 좋다

무지란 배우려는 것을 방해하는 힘이다

어느 철학자에 의하면, 무지란 지식의 결핍이 아니라 지식으로 머리가 빼곡하게 채워져 새로운 지식을 더 이상 받아들일 여지가 없는 상태를 가리킨다고 합니다.

나도 잘 아는 내용입니다. 학자 중에도 어떤 논의에서 "이런 것은 인지상정으로, '이렇게 될' 것임을 나는 일찌감치 알고 있었다"고 호언하는 사람이 꽤 많기 때문이지요.

전대미문의 사태와 조우하고 "이것은 내가 처음 접한 것이라 먼저 그 사태를 파악해야겠다. 어떤 지시를 내려야 할지 지금의 나로서는 아직 준비되어 있지 않다(그러니 잠시만 기다려 달라)"고 솔직히 말하는 학자는 소수에 불과하기 때문이지요. 무엇을 묻든 "나는 그것을 이미 알고 있었다"며 대응하는 것이 실은 무지의 전형적인 모습이라는 것을 오랜 세월 학자로서 활동해 오면서 깨달았습니다.

인간은 잘 몰라서 무지한 것이 아닙니다. 아무리 세상사를 잘 알고 있어도 지금 자신이 채용한 정보처리 시스템을 바꾸려고 하지 않는 사람은 몸소 나서서 무지해집니다. 자신의 지적 틀을 바꾸도록 요구해 오는 정보의 입력을 거부하는 아집이 바로 무지라 불리는 것이지요.

개인적인 경험을 한 가지 소개해 볼까요. 지금으로부터 30년 전 도쿄의 지유가오카 도장에 다닐 무렵의 이야기입니다.

어느 여름날 저녁, 집을 나와 도장을 향해 걷기 시작했을 때 홀연히 UFO와 만났습니다. 흰색과 오렌지색의 반짝이는, 꽤 자기주장이 강한 원반이 여름날 저녁 푸른 하늘에 덩그마니 떠 있었습니다.

나는 완전히 넋이 나가서 어찌할 바 모른 채 멀거니 하늘을 올려다보았지요. 누군가에게 "내가 본 저건 대체 무얼까요?"라고 묻고 확인하고 싶었지요. 하지만 마침 주택가 한적한 도로에는 한 사람도 없었습니다.

잠시 뒤에 중년 여성이 앞에서 걸어왔지요. 마침 잘됐다 싶어 "저기……, 그거 말이죠"라며 하늘을 손가락으로 가리키면서 그 여성에게 말을 건넸습니다. 그러나 그녀는 시선을 내리깐 채 내게는 눈길조차 주지 않고 멀어져 갔습니다.

그때 "아, 그렇구나" 하는 생각이 들더군요. 이 시간에 이 주택지 주변에서 UFO를 몇십 명, 몇백 명이 보고 있습니다(그건 분명한 사실입니다. 영화 〈미지와의 조우〉에서처럼 반짝이는 비행물체가 여름의 푸른 하늘에 둥실 떠 있었으니까요). 그런데 그 같은 경험을 '나는 UFO를 봤다'는 식으로 총괄하여 다른 사람에게 말하는 사람은 극히 일부에 지나지 않았던 것이지요. 나는 다음 날 신문을 구석구석 샅샅이 조사했지만 '오야마다이 상공의 수상쩍은 의문의 빛'에 관한 기사는 어디에도 나오지 않았기 때문입니다.

과연 그것은 '없는 일'이 되어 버리는 것일까요? 무언가를 본 사람도 '나는 아무것도 보지 않았다'는 식으로 기억을 고쳐 쓰고 있는 걸까요?

배움은 어리석을수록 좋다

그때 나는 '무지'라는 게 매우 역동적인 구조를 기반으로 그때마다 자신의 상황에 따라 만들어진다는 걸 알게 되었지요.

자신의 평소 세계관이 흔들리고 기존의 도량형을 적용할 수 없는 사태와 만났을 때, 우리는 무지로 무장합니다. 그것은 마치 여우에 홀리는 차원을 단연코 뛰어넘어 위기가 닥쳤을 때 가사 상태에 빠지는 것과 비슷하지요.

그것은 오랜 세월 교단에 서면서 깨달은 경험지經驗知와도 부합합니다. 대다수 사람들은 학생들의 무지를 두고 지식 부족 때문이라고만 생각합니다. 하지만 실제로 가르치는 입장이 되면 그렇지 않다는 것을 알게 됩니다. 학생들은 지식이나 정보, 기술이 부족한 게 아닙니다. 인간은 내버려 둬도 놀랄 만큼 엄청난 기세로 지식을 익히고 정보를 받아들이고 기술을 습득합니다. 우리 인간에게는 '배움'에 대한 근원적인 충동이 분명 존재합니다.

무지란, 그것을 방해하는 힘이지요. 배움을 저지하고 억제하려고 부단히 노력합니다.

따라서 많은 사람이 생각하는 것과 달리 대학 교육이란, 무언가 유용한 지식이나 기술을 '덧셈'으로 보태는 것이 아닙니다(그렇다고 믿는 교사도 적지 않지만요). 그것이 아니라 '배움'에 대한 충동의 자연스러운 발로를 방해하는, 학생들 자신의 '무지에 대한 안주'를 해제하는 것이지요.

학교 교육이 달성해야 하는 첫 번째 과제는 학생들의 머리를 지식으로 그득 채우고 끈끈하게 옭아매는, 생동감 넘치는 '배움'의 운동을 방해하는 쓰레기 정보를 '벗는' 것입니다.

약함을 만들어 내는 것

무도적인 의미에서 말하는 '약함'도 지성적인 '무지'와 마찬가지로 역동적으로 구조화되어 있습니다. 약함도 자신의 신체 능력이나 신체 구조에 대한 아무래도 좋은 '쓸데없는 정보'로 단단히 묶인 사람이 스스로 그때마다 만들어 내는 것입니다.

이때의 '쓸데없는 정보'라는 것은 이미 수차례 반복하여 설명하였듯이 '강약을 판정하는 객관적인 계측 방법이 존재한다'는 고정관념입니다.

우리의 학교 체육이나 스포츠 경기는 하나같이 강약·승패·숙련도를 결정하는 객관적인 계측 방법이 존재한다는 믿음을 근거로 성립되어 있습니다. 신체 능력은 거리나 시간, 점수나 난이도 같은 '수치'로 대체할 수 있고 수치적으로 계측할 수 없는 신체 능력은 '존재하지 않는' 것과 다름없다고 우리는 굳게 믿습니다.

따라서 사람들은 시간을 재고, 거리를 측정하고, 무게를 달고, 득점을 계산하고, 난이도에 포인트를 더해 그 수치 비교로 우열을 결정하는

데 몰두합니다. 그것이 아이들의 신체 능력 개발에 가장 효과적인 프로그램이라고 믿어 의심치 않지요. 그것이 아이들의 잠재적 신체 능력의 개화를 조직적으로 파괴하고 있는 것은 아닌지 의심하는 사람은 매우 적습니다.

내가 존경하고 사랑하는 요긴(요가 수행자) 나루세 마사하루成瀬雅春 선생님은 '공중부양'을 합니다. 믿기지 않는다고 말하는 사람도 있을 테지만, 나는 굳게 믿습니다. 나루세 선생님은 그런 것으로 빈말을 하는 사람이 아니기 때문이지요. 그러나 그 같은 신체 능력 개발에 우리 사회 대부분의 사람들은 흥미를 보이지 않습니다. 그런 능력이 본래 우리 인간에게 '있을 리 없다'고 생각하기 때문입니다.

공중부양은 어떤 의미로든 학교 체육의 평가 대상이 아닐 뿐 아니라 경기적인 요소도 없어 올림픽 종목도 아닙니다. 본디 무엇을 겨루는 것인지, 공중에 머무는 시간인지, 고도인지, 공중에서 취한 자세인지, 공중부양 능력은 기존의 어떤 경쟁적 틀로도 비교 측정할 수 없습니다.

그 능력은 우리의 사고방식으로서는 낯선 것입니다. 따라서 '존재하지 않는' 것으로 우리는 사회적으로 합의한 것이지요. 그것이 UFO를 대하는 '무지'의 구조와 동일하다는 것은 새삼 말할 나위도 없겠지요.

그러나 자신은 '그것'이 불가능하고 자기 주변을 둘러봐도 '그것'이 가능한 사람은 없다는 경험적인 명제만으로 '어떤 사람도 '그것'을 할 수 없다'는 전칭명제를 이끌어 내는 것은 논리적이지 않습니다.

'과학적'과 '과학주의적'의 차이

세계에는 20억 명의 기독교 신자가 있습니다. 그들은 《성서》의 가르침을 믿지요.

마태복음에는 '예수는 호수 위를 걸어 그들이 있는 곳으로 오셨다'는 기술이 있습니다(14장 25절). 그때 '제자들은 예수가 호수 위를 걷는 것을 보고 "저것은 유령"이라 말하며 두렵고 무서운 나머지 비명을 질렀다'고 적혀 있습니다(14장 26절).

전 세계 20억 명의 기독교 신자들은 과연 이 문구의 내용을 믿고 있는지, 나는 그것이 알고 싶었지요.

그저 '비유적인 표현에 지나지 않는다'고 말하는 사람이 있습니다. '사도들이 보다 효과적으로 포교하기 위해 지어낸 이야기에 지나지 않는다'고 말하는 사람도 있습니다. 예수가 실제로 공중부양을 했다고 생각하는 사람은 오히려 소수에 불과하지 않을까요?

그러나 성전 가운데서 자신이 진실이라 판단한 부분만 믿고 거짓이라고 생각하는 부분은 건너뛸 권리가 자신에게 있다고 생각하는 사람을 우리는 과연 '신앙심을 가진 사람'이라고 말할 수 있을까요?

신앙심을 가진다는 것은 그러한 태도가 아닙니다. 기독교인이라면 예수가 호수 위를 걸어서 건넜다는 일화도, 죽은 사람을 부활시킨 일화도, 무덤에서 나온 악령들을 돼지에 빙의시킨 것도 모두 '믿는다'고 선

배움은 어리석을수록 좋다

언할 때 비로소 그 신앙이 시작되는 게 아닐까요?

'믿는다'는 것은 눈앞에 있는 의심할 여지없는 현상을 승인하는 것이 아닙니다(우리 인간은 눈앞에 버젓이 있는 의심할 바 없는 현상도 태연히 부인할 수 있긴 하지요).

그게 아니라 '믿는다'는 것은 일종의 메타인지(상위인지, 자신의 인지 과정 자체를 인지하는 능력)를 가리킵니다. 자신이 사물을 지각하고 수용하고 인식할 때에 이용하는 지적 틀의 적용 범위는 한정적이고, '나의 지적 범위를 초월한 것'이 존재할 개연성이 높다고 인정하는 것이지요.

나는 이처럼 자신의 지적 사정 범위가 유한하다는 걸 지각하는 것이 '과학적'이라 생각합니다.

그러나 우리 사회에서 '과학적'이라는 말은 그 같은 의미로는 사용되지 않지요. 오히려 계측 가능, 수치화할 수 있는 현상만을 다루는 자기 억제를 가리켜 '과학적'이라고 말하는 습관이 있습니다.

그러나 첨단과학을 연구하는 사람들은 익숙한 계측 기기나 이미 아는 체계로는 생각할 수 없는 현상에 사로잡혀 그 현상의 배후에 어떤 숨겨진 법칙성이 있는지를 발견하려고 합니다. 과학사를 가르치는 한 '과학적'이라는 건 이런 개방적인 태도를 가리키는 것으로, 지금의 계측 방법으로 생각할 수 없는 것은 '존재하지 않는다'고 단정하는 보수적인 태도는 오히려 '과학주의적'이라고 해야 하지 않을까요.

단련한다는 생각이 약함을 만든다

이야기가 제자리를 맴돌며 좀처럼 나아가지 않는데, 지금 나는 공중부양에 대하여 이야기하고 있던 참입니다.

나는 이것을 신앙 차원이 아니라 과학 차원에서 고찰해야 한다고 봅니다.

전 세계에는 '사람이 공중에 떴다'는 무수한 증언이 존재합니다. 그런 현상에 대하여 '나는 보지 못했으니 있을 수 없다'고 단정하기보다 '어떤 조건이 갖춰진 경우에 '그런 일'이 일어나는지'를 묻는 사람이 훨씬 지성적이고 학술적이며 생산적이라 생각합니다.

반면 약함의 구조는 과학주의적인 태도와 상통합니다.

자신의 잠재적인 심신 능력은 '잠재적'이라는 형용사가 보여 주듯 이제까지 발현된 적이 없습니다. 모습을 드러낸 적이 없는 심신의 능력인 이상, 본인도 물론 그것을 본 적도 없고 실감한 적도 없습니다.

그 같은 능력은 과학주의적 입장에서 보면 존재하지 않습니다. 그런 까닭에 과학주의적인 신체관을 신봉하는 사람은 '이미 존재한다고 인정된 능력을 양적으로 증대시키는' 것밖에 신체 능력의 개발 프로그램을 구상할 수 없습니다.

무도에 있어 '신체를 단련한다'는 발상을 가진 사람은 정도의 차이는 있을지언정 모두 과학주의의 함정에 빠져 있습니다. '단련한다'는 건

배움은 어리석을수록 좋다

'이미 존재하는 것'밖에 모르기 때문이지요. '천리안을 단련한다', '유체이탈 능력을 키운다'는 표현을 보통 우리는 입에 올리지 않습니다. '천리안'이나 '유체이탈'은 존재하지 않는 것으로 되어 있기 때문입니다.

그러나 인간의 심신 능력을 폭발적으로 꽃피우려 했다면 우리는 '자신이 갖추고 있다고는 생각지 못했던 그 같은 능력'을 발견하고 연마하고 그 사용법에 능숙해져야만 합니다. 신체 기법의 경우는 '그 신체 부위에 이런 사용법이 있다고는 미처 몰랐던 움직임'을 습득하지 않으면 안 됩니다. 초보자는 '가슴을 떨군다', '견갑골을 뺀다', '심층근과 손끝을 잇는다', '복강을 사용해 손을 움직인다'는 신체 사용법이 있다는 것을 모릅니다.

그것은 마치 언어 습득과 같습니다. 모어^{母語}를 막 배우기 시작한 아이에게는 의미를 모르는 어휘가 있고 사용법을 모르는 글귀나 비유가 있고 생각대로 발음할 수 없는 음운이 있습니다. 그리고 극단적인 이야기로, 어휘가 하나하나 증가할 때마다(이를 테면, 엄마도 유방도 모유도 모두 '맘마'로 총칭했던 상태에서 각기 다른 세 가지 말로 세분화되었을 때) 아이들의 언어 세계는 토대부터 완전히 새로워집니다. 전부 달라지는 것이지요.

잠재적인 능력이 개화한다는 건 그런 것입니다. 비유하자면 '단련한다'는 것은 하드디스크 용량을 증가시키는 것이고, '잠재적인 능력을 개화한다'는 것은 OS를 버전업하는 것입니다.

무도에서 신체 능력을 개발하는 프로그램은 무엇보다 자신이 갖추었는지도 알 수 없는 그런 신체 능력을 이끌어 낼 수 있다는 단정에서 시작되어야만 합니다. 그것은 옛 버전의 OS로 컴퓨터를 운용할 때는 차세대 고성능 OS로 '무엇이 가능한지'조차 상상할 수 없는 것과 비슷하지요.

'단련한다'는 발상 그 자체가 '약함'을 구조화합니다.

물론 단련하면 그 범위에서의 근력은 강화되고, 운동 속도는 빨라집니다. 또한 동일한 운동을 반복하는 가운데 사람에 따라서는 가급적 신체 부담을 줄이고 효율성을 높이기 위해 보다 합리적인 신체 사용법을 궁리하게 될 가능성도 있습니다.

그런 경우에도 지도자가 그 수련의 목적은 '단련'이 아니라 '보다 합리적인 신체 사용법을 강구하는 것'이라 분명히 이해하지 않는다면 '대충대충 하지 마라'거나 '시키지 않은 것은 하지 마라'는 잘못된 지도로 모처럼의 버전업 기회를 놓칠 수도 있습니다.

아기에게 배우는 자유 혹은 개방성

그렇다면 신체 사용법을 버전업하기 위한 수련법이란 어떤 것일까요?(드디어 본론에 들어가는군요.)

그것은 아기가 언어(모어)를 습득해 가는 과정과 흡사합니다. 지성적이 되는 과정이라고 말해도 좋을 것입니다.

어떤 새로운 요소가 한 가지 보태질 때마다 그것을 받아들이고 도입하는 '전체 구조가 기초부터 재편성'되는, 종합적인 유연성을 가지는 기법 체계. 새로운 움직임을 한 가지 익힐 때마다 점차 자유로워지는 기법 체계. 그것이 '약함에 특화된 수련법'이라고 나는 나름의 정의를 내렸습니다.

'아기'라는 것은 수련 과정에 있는 사람의 상태를 매우 적확하게 표현하고 있습니다.

《노자》에 '기에 마음을 집중시켜 유에 이르러 능히 젖먹이처럼 된다'는 말이 있습니다. 신비적인 글귀 속에 나오는 말로, 문자 그대로 해석하는 게 가능할지는 모르지만 '심신의 깊은 집중이 아기 같은 유연함'을 가져온다는 해석이 그리 틀리지는 않을 것입니다.

《노자》에는 그 외에도 '젖먹이'를 일종의 이상형으로서 이야기하는 부분이 여러 곳 있습니다. 인상적인 한 부분을 인용해 보지요.

덕을 두텁게 머금은 자는 젖먹이에 비길 수 있다. 벌이나 독충이나 독사도 물지 않고, 맹수도 덮치지 않고, 사나온 날짐승도 후려치지 않는다. 뼈는 약하고 힘줄은 부드러운데도 쥐는 것은 억세다(55장)

含德之厚者, 比於赤子. 蜂蠆虺蛇弗螫, 攫鳥猛獸弗搏. 骨弱筋柔而握固.

'많은 덕을 가진 사람은 막 태어난 갓난아기에 비유해야 한다. 독충이나 독나방이 물지도 않고 맹수도 덤벼들지 않는다. 뼈는 약하고 근육은 부드럽지만 손아귀 힘은 강하다.'

물론 이것은 비유적인 의미입니다. 실제로는 포유류의 어린 새끼는 천적에게 쉽게 먹히는 '사냥감'이지요. 노자가 그것을 모를 리 없음에도 오히려 '아기'를 인간적인 이상형으로 생각했던 것은, 심신의 자유 혹은 개방성open end의 중요성을 말하고 싶었기 때문입니다.

'아기'란 지금 갖고 있는 능력의 양적 강화에 의해서가 아니라, 심신 사용법 자체를 버전업하는 것밖에는 연명할 방도가 없는 존재입니다.

약함을 철저하게 반성하는 것으로밖에 살아가는 지혜와 힘을 향상시킬 수 없습니다. 그런 내용으로 이번 지면을 채우고 말았습니다.

생활 속에서
익히고 닦는 수련

절박한 상황에서 생존하려면

오랫동안 설명해 온 '합기도에 대한 나의 생각'도 이번 글로 끝입니다.

마침 이 글을 쓴 2011년 11월에 합기도 전용 도장인 '개풍관'이 고베 시에 준공되었습니다.

1층은 약 37평의 도장, 2층은 개인 자택입니다. 도장 바닥에 깔려 있는 바깥쪽 다다미 5.5미터를 걷어 내면 노能(일본 고전 가무극, 노와 이야기극인 교겐을 총칭해 노가쿠라고 한다) 연습장으로도 사용할 수 있도록 바닥에는 노송나무를 깔았지요(아내는 노가쿠가로, 나도 간제류(노가쿠의 5대 유파중 하나) 노가쿠를 배우고 있습니다).

개풍관의 개풍凱風이라는 말은 《시경》에 나오는 한 구절에서 따왔습니다.

남쪽에서 불어오는, 초여름의 따스한 바람을 받으니 저 단단한 대추나무도 새싹이 돋는다凱風自南 吹彼棘心.

이런 옛 노래가 있습니다.

나는 이 글에서 '단단한 대추나무도 새싹이 돋는' 듯이 우리를 속박하는 틀인 '안주'로부터 인간은 어떻게 자유로워지는지, 그 이치와 기법에 대하여 설명했습니다. 그런 나의 개인적인 관심에서 도장 이름을 '개풍관'으로 정했지요.

'북풍과 태양'이라는 널리 알려진 우화가 있습니다. 남풍auster은 남쪽에서 불어오는 따스한 바람으로 그 바람을 받으면 사람은 여러 겹으로 껴입었던 옷을 자발적으로 벗어던지고 부드러워 상처 입기 쉬운 살갗을 드러냅니다.

분명 그것은 자기방어라는 관점에서 보면 위험한 일이기도 하지요. 살갗을 외부 공기에 노출시키지 않고 피혁이나 금속, 플라스틱으로 몇 겹씩 덮는 방법이 '상처 입지 않는다'는 점에서는 효과적입니다.

그러나 견고한 갑옷은 부드러운 피부를 지키는 대신에 그 감도를 무뎌지게 하고 골격이나 근육의 평온한 성장을 저해합니다.

배움은 어리석을수록 좋다

'대추나무도 새싹을 틔우고' 피부를 드러내는 데는 그 나름의 위험과 이익이 있고, 살갗을 사람들의 눈에 띄지 않게 하는 것도 그 나름의 위험과 이익이 있습니다. 어느 쪽이 옳은지는 단언할 수 없지요.

자신을 단단하게 지키는 것이 생존을 위한 필수조건일 때도 있고, 자신의 상처 입기 쉬운 부드러운 부분을 바깥으로 드러낼 수 있는 온화하고 행복한 상황에 놓이기도 합니다.

그러나 때로는 이 두 가지 요청이 동시에 찾아오기도 합니다. 그것은 '심신 능력을 최대화하지 않으면 연명할 수 없는 상황'이 찾아왔을 때입니다.

몸을 단단히 지키는 것으로 일관하면 잠재자원의 개발은 억제됩니다. 봉오리의 개화를 기다리면 틈이 생깁니다. 그러나 두 가지를 동시에 행하지 않으면, 지금의 120퍼센트 혹은 150퍼센트의 힘을 내지 않으면, 더 이상 살아갈 수 없을 것 같은 상황과 만나기도 하지요.

수련은 왜 유쾌해야 하는가

다다 히로시 선생님이 도장을 대기실이라 말씀하셨다는 것은 이미 앞에서도 언급했습니다. 그것은 '실험이 허락된다', '실패가 용납된다', '시행착오가 용인된다'는 것으로, 지금 문맥에 맞추어 말하면 '자신의 부드러운 부분을 드러내도 좋다'는 것이지요.

합기도 창시자 우에시바 모리헤이植芝盛平가 정한 도장훈에는 '수련은 늘 유쾌하게 할 것'이라는 글귀가 있는데, 이때 '유쾌'라는 것은 그 같은 메시지를 전하고 있다고 이해할 수 있습니다.

만일 도장의 문하생들이 상대적인 우열이나 강약을 겨루는 데 마음 쓴다면, 거기에서는 가시 돋친 까칠한 마음을 열 수 없을 것입니다. 왜냐하면 상대적인 우열·강약·승패를 겨루는 경우에는 자신의 능력을 향상시키려는 노력과 경쟁 상대의 능력을 끌어내리려는 노력이 같은 결과를 초래하기 때문이지요.

그리고 경험적으로 말하면, 자신의 능력을 높이려는 노력과 경쟁 상대의 능력을 끌어내리려는 노력 중 후자가 훨씬 비용 대비 효과가 높습니다. 나 자신의 무도적 능력을 향상시키려는 노력은 우선 나 혼자서밖에 할 수 없는 일이지만, 동문들을 위축시키고 두려움과 불안에 빠뜨려 능력의 성장을 저하시키고 수련하고자 하는 의욕을 잃게끔 만드는 노력은 강한 감염성을 가지기 때문입니다.

무술 시합의 세계에서는 '수련은 유쾌하게 실시하라'는 도장훈은 좀처럼 입에 올리지 않습니다(나도 들어본 적이 없습니다). 반대로 '치아를 보이지 마라', '훈련 중 웃지 마라'는 꾸중은 때때로 들었지요.

내가 어느 무술 시합을 위해 훈련하고 있을 때, 지도자로부터 '얼굴 표정을 좀 더 험악하게 하라'는 주의를 들은 적이 있습니다. '상대를 잡아먹을 듯한 표정을 지으라'는 요구였는데, 내심 '그건 아닌데' 하는 생각이 들었습니다. 실제로 사람을 살상할 필요가 있을 때는(결단코 없기를 바라지만) 그때의 나처럼 절호의 기회를 노리며 무표정하고 무감정인 채로 맞서야 할 것이라 생각했기 때문입니다.

소설 《양들의 침묵》에서 토머스 해리스가 창조한 식인귀 한니발 렉터 박사는 살아 있는 간호사의 얼굴을 물어뜯어 볼살을 먹었을 때 맥박수도 혈압도 전혀 변하지 않는 인물로 그려지는데, 아마 '진짜 살인자'는 그럴 것이라 생각합니다(만난 적도 없고 앞으로 만나고 싶지도 않습니다만).

분명 외부에 대한 센서의 감도가 높아지면 인간은 얼굴 표정에서 희로애락이라는 감정이 사라집니다. 그런 데 쓸데없이 에너지를 배분할 여유가 없기 때문이지요.

핏발을 세우며 화내거나 공포에 두려워하면서 바닥에 떨어진 바늘을 찾는 일을 우리는 하지 않습니다. 표정근의 긴장이 손끝 감도를 둔화시킨다는 것은 어린애라도 경험적으로 알고 있습니다.

그럼에도 불구하고 '이기고 싶다면 상대를 잡아먹을 듯 험악한 표정을 지으라'고 내게 말한 그 지도자는 무도적인 신체 운용에 있어 심신의 감도를 높이기보다 눈앞에 있는 상대(적)를 심리적으로 불쾌하게 만들거나 불안하게 만듦으로써 결국 상대의 심신 능력을 끌어내리는 것이 승패를 겨루는 데 효과적이라는 것을 경험으로 알았기에 내게 그런 가르침을 주었을 것입니다.

상대의 성장을 방해하고 싶은 이유

시합의 본질적인 함정이 여기에 있습니다. 승패에 있어 '내가 강하다'는 것과 '상대가 약하다'는 것은 실천적으로는 동일한 의미이기 때문이지요. 그리고 나를 강하게 만들기 위한 노력보다도 상대를 약화시키기 위한 노력이 효과적입니다.

논리는 간단하지요. 무언가를 '창조하는' 것은 어렵고 노고와 시간을 필요로 하는데, 무언가를 '부수는' 것은 용이할 뿐 아니라 순식간에 해치울 수 있기 때문입니다.

100년에 걸쳐 정성껏 지은 건물이 하룻밤의 화재로 잿더미로 돌아가듯이, 혹은 10년에 걸쳐 쌓아 올린 신뢰관계가 건성으로 툭 던진 말 한마디로 순식간에 무너지듯이, 만드는 것은 어렵고 부수는 것은 간단

배움은 어리석을수록 좋다

합니다. 따라서 상대적 우열·강약·승패에 지나치게 집착하면 사람은 무의식중에 같은 길을 나아가는 수련자들의 성장을 방해하게 됩니다.

이것은 수련자 개개인의 윤리성이나 인격의 문제가 아니라 구조적으로 그렇습니다. 그 편이 합리적이라고 생각하기 때문으로, 사람들이 그러는 것은 속인적인 자질과는 무관합니다.

물론 일류 선수들 중에는 한때의 승패나 기록보다도 자신의 신체 능력을 어떻게 개발하는지가 최우선 과제이기 때문에 기록도 경쟁 상대도 '안중에 없다'고 단호하게 말하는 사람들도 있습니다.

예컨대, 뉴욕 양키스의 이치로 선수가 그런 타입이지요. 그러나 그런 언사가 '너무도 이치로스럽다'며 비아냥거리며 소개한 것을 보면 스포츠 저널리스트의 주요 관심이 선수의 신체 능력이 아닌 수치적인 출력(타율이나 타격수)에 있음을 여실히 보여 줍니다.

과잉 부하를 견디는 사람들

스포츠 저널리스트의 '수치 중시주의'와 겨루기 성격이 강한 스포츠 연습장에서 오가는 질책하는 소리·성난 음성·시끄러운 욕설은 모두 동일한 뿌리에서 나옵니다. 그것에 대한 나의 생각을 잠시 들려드릴까 합니다.

분명 우리 인간은 막다른 곳까지 내몰리면 어딘가에서 제한장치를 끄고 '이런 게 내게도 가능하다니⋯⋯' 싶은 생각지 못한 폭발적인 신체 능력을 발휘하기도 합니다. 이것은 장거리달리기의 '세컨드 윈드second wind'라 불리는 현상과 비슷합니다.

이제 한계다, 더 이상 단 한 걸음도 내디딜 수 없다, 이런 순간에 치달았을 때 불현듯 '등짝을 밀어 주는 바람'이 불고 근육 피로가 사라지며 다리가 가벼워질 때가 있습니다.

물론 이것은 뇌내 마약물질의 효과에 지나지 않습니다. 근육의 고통이란, '더 이상 신체에 부담을 주지 않는 게 생물학적으로 바람직하다'고 신체가 보내는 경고 신호입니다. '건강을 위해 쉬라'고 신체가 말하는 것이지요. 그 신호가 꺼지는 것은 '아무리 신호를 보내도 이 사람은 근육에 힘을 가하는 일을 그만두지 않는다. 그것은 아마 일시적으로 건강을 해쳐서라도 반드시 달성해야만 하는 일을 지금 하고 있기 때문일 것'이라고 신체가 판단하고 최초의 판단을 철회한 뒤의 일입니다.

배움은 어리석을수록 좋다

육식동물에게 쫓길 때는 '이렇게 달리다가는 건강을 해친다'는 판단으로 속도 제한이 걸리면 쫓아오는 동물의 먹잇감이 되어 죽고 맙니다. 그러는 편이 오히려 건강에 나쁘지요. 건강에 더 나쁜 일을 회피한다는 긴급 피난 조치라면 인간은 일시적으로 건강에 나쁜 일을 할 수 있습니다. 이것은 생물로서는 합리적인 기제로, 이미 우리 안에 내재되어 있습니다.

시합이나 스포츠에서 행해지는 '강도 높은 훈련법'은 바로 이 기제를 이용한 것입니다. 핏발 세우고 성난 듯 소리를 질러 대는 감독이나 코치는 '육식동물'을 상징합니다. 그에게 잡아먹히지 않도록 선수들은 필사적으로 '건강에 나쁜 일'을 합니다.

그것에 의해서 때때로 '나도 이런 일이 가능하다니⋯⋯' 하며 미처 생각지 못한 '폭발적 운동 능력의 개화'를 실감합니다. 그것이 아이들에게 강한 달성감과 자존감을 선사합니다. 그렇기 때문에, 학교 교육 가운데 스포츠 시합이 이토록 장려되고 있는 것이지요.

물론 아무리 거친 선수라도 육식동물에게서 영원히 도망칠 수는 없습니다. 따라서 시합은 사전에 '일정'이 정해집니다. 그날까지 계속 달리면 되는 골인점이 정해지는 것이지요. 그때까지만 참으면 이 고통도 끝난다는 정지선을 상정하기에 선수들은 지나치다 싶을 정도로 혹독한 훈련도 견딜 수 있는 것입니다.

조금만 참으면 해결된다?

대학에서 교편을 잡고 있을 무렵, 자주 수험생 면접관이 되어야 했습니다. 추천 입시의 경우, 자기소개서에 스포츠에서의 높은 전적을 자랑하듯이 기재하는 사람이 많습니다. 거기에는 사실 여러 종목이 적혀 있지요.

그중에는 대학 동아리에 없는 종목도 있습니다. 나는 면접관이었을 때 그런 종목을 적어 낸 수험생에게는 때때로 "그렇다면 이 대학에 당신이 이 종목 동아리를 개설하는 것은 어떤가요?"라고 물었습니다. 특별히 학생을 시험하기 위해 던진 질문은 아닙니다. 진심으로 그래 주기를 바랐기 때문입니다.

아마 수십 명에게 이 질문을 던졌을 것입니다. 그런데 이 질문에 "네"라며 웃는 얼굴로 답한 지원자는 재직 20년 동안 단 한 명밖에 없었습니다. 나머지 수험생들은 머쓱하게 쓴웃음을 지으면서 '더 이상 운동하고 싶지 않다'고 똑똑히 답했습니다. 지금까지 해온 가혹한 훈련에 '고등학교를 졸업하면 더 이상 이런 힘겹고 고된 훈련은 견디지 않아도 된다'며 자신을 위로하면서 수없이 참아 왔기에 나온 대답이라 어찌 보면 당연한 반응입니다.

결국 그들은 강도 높은 훈련을 내내 견디고 참으며 연습할 때 '신체적인 제한(이것은 건강에 나쁘다는 신체 저항)'은 영원히 계속되지 않는

배움은 어리석을수록 좋다

다(시합 날까지, 운동부를 그만두는 날까지)며 '시간적 제한'과 타협한 것이지요.

시간적 제한을 설정함으로써 신체적인 제한을 해제하는 방법을 통해 학교 교육의 스포츠 종목은 그 나름의 효과를 올려 왔습니다. 그것에 대해 특별히 비판할 생각은 없습니다.

그러나 그처럼 시간적 제한을 설정하고 단기간 집중적으로 신체적 극복을 경험하게 하는 교육전략은 '장기간에 걸쳐서 지속적으로 자신의 신체에 내재된 가능성을 구석구석 찬찬히 탐구하고 음미하고 개발하는' 일과는 양립하기 어렵습니다.

그리고 무도에 있어 신체 능력의 개발은 '장기적인 능력 개발'을 필요로 합니다.

무도 수련이라는 것은, 이제까지 여러 차례 반복하여 설명했듯 자연과학의 실험에 가깝습니다. 자연과학 이론의 진화나 계측 기기의 고도화에는 보통 시간적 제한이 없습니다. 수학올림픽 같은 교육 행사에는 있지만, 자연과학의 이론 발견에 보통 '기한'을 설정하는 사람은 없지요. 그것은 무의미하기 때문입니다.

다음 해 3월 말까지 연구 성과를 올려라, 이처럼 요구하는 것은 탁상공론의 임원들뿐이지요. 회계연도 내에 마무리할 수 없었던 연구 성과는 '존재하지 않는' 것으로 취급되는데, 과학사적으로 그런 기한 설정은 아무런 의미도 없습니다.

생활은 끝나지 않고 무도도 끝나지 않는다

무도에 대한 나의 생각도 역시 이와 같습니다.

원래 무술은 전술입니다. 전쟁이 언제 시작되는가, 칼부림이 언제 시작되는가, 이런 것은 달력에 적혀 있지 않지요. 언제 시작되는지, 언제 끝나는지, 알 수 없습니다. 이 날 이 시간대에, 신체 능력이 절정에 이르도록 준비하는 건 전쟁에서는 불가능하지요.

정치가들이 좋아하는 '상재전장常在戰場(늘 전쟁터에 있는 것처럼 임한다)'이라는 말은 본래 시간적 제한을 상정하지 않고 늘 신체 능력을 높은 수준으로 유지한다는 의미입니다. 그것은 바꿔 말하면, 전쟁을 생활화한다는 것이지요. 전쟁에서 살아남는 것을 일상생활의 자명한 목표로 삼고 담담하게 하루하루를 살아간다는 것입니다.

그것은 과학자의 매일 생활과 다르지 않습니다. 정말로 해당 범위가 넓은 연구를 이뤄 내기를 바란다면 연구자들은 장기간에 걸쳐서 담담하게(가정생활을 꾸리거나 친구들과 놀거나 소설을 읽거나 음악을 듣거나 여행을 하거나…… 하면서) 느긋하게 꾸준히 살아갈 수 있도록 연구 스타일을 갖춰야 합니다.

잠자는 것도 먹는 것도 잊고, 가정도 갖지 않고, 친구를 멀리하고, 연구 외적인 모든 활동을 포기하고 그때가 오기를 기다리는 '미치광이 과학자' 타입의 연구 스타일은 결코 생산적이지 않습니다. 적어도 예외

배움은 어리석을수록 좋다

적인 천재 외에는 결코 권할 수 없습니다. 무도에 대해서도 이 같은 말을 할 수 있습니다.

무도 수련은 학교 동아리 활동과는 다릅니다. 전혀 다르지요. 얼핏 비슷해 보일지는 모르지만, 본질적으로 다릅니다.

그것은 노력의 성과를 내야 하는 '시간적 제한(대회 예선, 올림픽 선수 선발대회 등)'이 무도에서는 본디 예시되지 않기 때문입니다.

전쟁이 언제 어디서 시작될지는 아무도 모릅니다. 따라서 시합 날까지는 체력의 한계까지, 때로는 장애가 남는 것까지도 각오하고 노력하지만, 그것을 끝내면 잠시 쉬었다가 가능하다면 은퇴하는 일이 무도에서는 있을 수 없습니다.

다다 선생님이 말씀하신 '도장은 대기실'이라는 말은 '생활이 진짜 무대'라는 말과 대조됩니다. 도장에서의 수련은 시간이 되면 끝나지만, 생활은 끝이 없지요. 도장에서의 수련 상대는 몸을 잡고 목검으로 베고 찌르지만, 생활에서 우리를 덮쳐 오는 것은 언제 어떤 행태로 어느 방향에서 어떤 문맥 가운데서 찾아올지 예견할 수 없습니다.

우리는 그런 언제 어떤 형태로 어느 방향에서 어떤 문맥 가운데서 우리를 덮쳐 올지 모르는 것에 대비하여 도장에서 수련하고 있는 것입니다.

일상생활이 수련인 듯 산다

단기간의 고된 훈련으로 극복을 경험하는 수련 방법의 유효성을 부정할 생각은 없습니다. 그것이 매우 효과적이라는 것을 잘 알고 있기 때문이고, 대다수 스포츠 지도자는 그 방법을 채용하고 있습니다. 그다지 재능이 있어 보이지 않던 사람이 때때로 이것에 의해 '크게 변하는' 일이 실제로 존재하기 때문이지요.

그러나 이 방법은 강렬한 효과를 발휘하는 대신에 장기간 지속하기는 어렵다는 단점이 있습니다.

이렇게 하여 발견하고 체득한 능력은, 육식동물에 쫓길 때 살아남기 위해 신체가 방출한 긴급 피난형 에너지의 부산물이고, 고향을 떠날 때 어머니가 '비상시 쓰라'며 아들의 허리춤에 잘 접어 꿰매 넣은 마지막 1만 엔짜리 지폐 같은 것입니다. 한계에 다다랐을 때는 그것으로 절박한 순간을 견디는 것이지요. 그러나 그것으로 언제까지고 생활해 갈 수는 없습니다.

생활하기 위해서는 스스로 생계를 꾸려 가지 않으면 안 되지요. 생계를 꾸려 가는 일상생활 가운데서 수련이 자연스러운 형태로 조합되도록 자신의 생활 양상을 설계하지 않으면 안 됩니다. 상주좌와常住坐臥, 일상생활 그 자체가 수련인 양 살아가는 방법을 궁리해야만 합니다.

실제로 과거 무사들은 그 같은 방법으로 일상을 살아갔습니다. 매

배움은 어리석을수록 좋다

일 반복되는 무한한 단순작업, 호흡, 기거, 식사, 보행, 착의, 대화, 업무…… 그 모든 동작을 자신의 '수행'으로서 행했던 것이지요.

우에시바 모리헤이 선생님은 합기도를 '현대를 사는 무도'라 말씀하셨는데, 그것을 '현대를 살아가기 위한 무도'로 우리가 이해하는 것을 큰 스승님은 허락해 주실 것이라 생각합니다.

우리의 생활 자체가, 우리의 일상생활이 우리에게는 직장이요, 본방 무대요, 생사의 갈림길이지요. 도장은 그것을 대비하기 위한 곳입니다. 수련은 경쟁이나 다툼, 두려움, 슬픔을 벗어던지고 오로지 자신의 자질 개발 하나에만 집중하는 것이 허락된 특권적인 시간인 것이지요. 도장은 그것을 제공하기 위한 장소이고요.

그곳에서의 수련을 생활과 유기적으로 연결시켜 결코 나뉘지 않는 하나로 엮어 내야 합니다. 생활이 수행이고, 수련이 생활입니다. 그것이 현대를 살아가는 무도 수업자가 지향해야 하는 이상이라 생각합니다.

오랫동안 결국에는 같은 얘기를 반복한 셈이 되었지만, 여하튼 내가 말하고 싶은 것은 이런 것입니다.

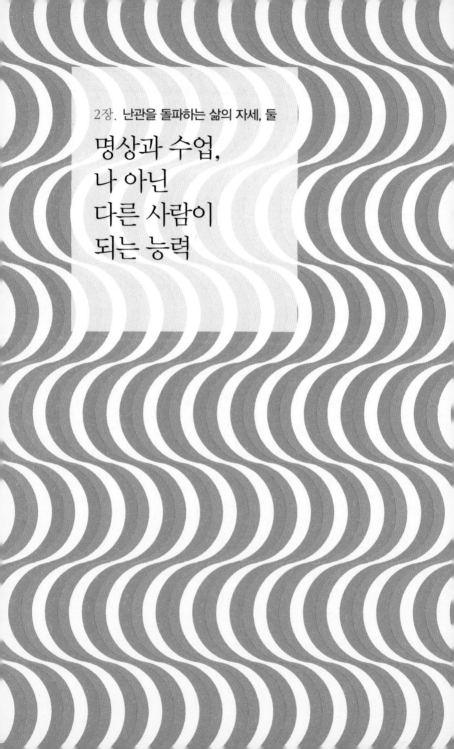

2장. 난관을 돌파하는 삶의 자세, 둘

명상과 수업,
나 아닌
다른 사람이
되는 능력

명상이란
적절한 액자를
고르는 것

어떤 상태가 명상인가

어느 불교 잡지사로부터 '명상과 신체성'에 대한 원고를 의뢰받았습니다. 약 40년 동안 합기도 수련을 꾸준히 해온 무도인으로서 '명상'에 대하여 무도적인 틀 안에서 생각해 보자는 것이지요.

먼저, '명상'이라는 말을 어떻게 정의하는가로 이야기는 완전히 달라집니다.

보통 우리는 '명상'이라는 말에서 정좌하고 지그시 눈을 감고 깊은 자기성찰 상태에 든 사람의 모습을 떠올립니다.

물론 이 이미지와 크게 다르지는 않습니다. 그러나 그것만으로 명상이라는 것을 전부 설명할 수는 없지요. 실천적으로 명상에는 무수한 형태가 있기 때문입니다. 정형적인 한 가지 이미지에 머무르면 명상에 그 밖의 형태가 있다는 사실에 생각이 미치지 못합니다. 경우에 따라서는 실제로 자신이 명상을 하면서도 그것이 명상이라는 사실조차 깨닫지 못하는 일이 생기기도 합니다.

명상에는 일반적으로 알려진 것보다 훨씬 많은 형태가 있습니다. 내게 그것을 가르쳐 준 것은 요가를 하시는 나루세 마사하루^{成瀬雅春} 선생님입니다.

나루세 선생님은 어느 날, 참으로 이상한 비유를 사용하여 명상에 대하여 설명해 주셨습니다.

전차를 타고 있을 때 보통 우리는 '전차가 앞으로 나아가고 있다'는 식으로 자신이 놓여 있는 사태를 파악합니다. 그런데 그때 '사실 전차는 정지한 상태이고 그저 전신주가 빠른 속도로 뒤로 지나쳐 간다'는 식으로 차창 밖으로 보이는 풍경을 해석할 수도 있습니다. 그런 상상력의 사용 방법도 명상 중 하나라고 나루세 선생님은 말씀하셨지요.

분명 자동차 안에서 신호가 바뀌기를 기다리며 깊은 생각에 잠겨 있었는데, 신호가 바뀌어 주위 차들이 앞으로 나아가기 시작하면서 마치 내가 탄 자동차가 줄줄 뒤로 밀리는 듯이 느껴져 황급히 브레이크를 밟았던 경험이 내게도 있습니다.

이것은 어디까지가 '벽'이고 어디부터가 '그림'이 시작되는 지점인가

배움은 어리석을수록 좋다

하는 '액자 문제'와 깊은 관련이 있습니다. 세계가 움직이는 듯 보일 때 '그림'이 움직이고 '땅'이 정지해 있는지, '땅'이 움직이고 '그림'이 정지해 있는지, 어디부터 어디까지가 '액자 안'이고 어디부터 '나 자신을 포함한 현실'이 시작되는 곳인지를 갑자기 구분하기 어렵지요.

액자를 간과한 자는 다빈치의 '모나리자'를 봐도 그것을 벽 문양이라 믿고 걸작을 놓쳐 버리고 맙니다. 또 실제로는 '그림'에 가려져 벽 문양이 보이지 않기 때문에, 그가 그곳에 본 것은 '벽 문양'도 아니지요. 결국 액자를 간과한 자는 '모나리자'도, '벽 문양'도 모두 놓치고 마는 것이지요.

액자를 간과한 자는 세상의 모든 것을 간과할 가능성이 있습니다.

이것이 우리가 출발점에서 채용할 명제입니다. 그 까닭에 우리는 세계를 인식하는 데 있어 늘 '액자는 어디인가'라는 물음을 출발점에 둬야 합니다.

왜 액자가 필요한가

유럽의 옛 도시에 가면 어디든 장엄한 교회와 극장은 눈에 잘 띄는 장식적인 건축물인 경우가 대부분입니다. '그 안에서 이야기되는 게 기본적으로 거짓이라는 것을 과시하기 위해서'라는 요로 다케시養老孟司(일본의 해부학자이자 수필가) 선생님의 뛰어난 의견이 있지만, 달리 말하면 이들 건물의 과도한 장식성은 그것이 '액자'임을 말하고 있습니다. 그들 건물 안에서 표현되는 것은 '현실'이 아니라 '그림'인 것이지요.

만일 극장에 연극을 보러 간 관객이 극 중 상상의 이야기를 '진짜 현실'이라 생각하여 '악마가 나왔다'거나 '사람이 죽었다'고 믿고 그대로 거리로 뛰쳐나가 소란을 피워 댄다면 매우 번거로운 일이 벌어집니다. 우리가 연극을 볼 때 가장 중요한 것은 자신을 잊고 허구의 세계에 깊이 몰입하는 것이 아닙니다. 물론 '이 연극의 주제는 무엇인가?', '작가는 무엇을 말하고자 하는가?'라는 냉철한 질문으로 머릿속을 가득 채우는 것도 아니지요. 그때 가장 중요한 것은 '이것은 연극'이라는 의식을 유지하는 것입니다.

그것은 교회이나 대학, 병원 등 대개 '웅장하고 화려한 건물'을 필요로 하는 모든 곳에 공통된 점입니다. 그곳에서는 우리에게 친숙한 평범한 현실과는 '다른 것'이 만들어집니다. '그것'을 그대로 현실 세계로 끌어들이는 것은 결코 용납되지 않습니다. 그럼에도 불구하고 '그것'에 접촉하지 않고는 우리 인간은 지적인 혹은 영적인 긴장을 유지할 수 없지요. '그것'에 접촉하는 것은 필수이지만 '그것'을 그대로 조심성 없이 현실 생활에 끄집어들일 수 없는 경우, 우리는 그것은 '액자'로 감쌉니다.

먹구름이나 천둥, 번개를 '신의 분노'라 해석하는 사람은 일기예보관이 되어서는 안 되고, 외과수술로 잘라 낸 내장을 집에 가져와 만찬으로 먹는(한니발 렉터 박사처럼) 의사는 있어서는 안 됩니다. 그런 얘기입니다.

우리는 세계를 마주했을 때, 무의식중에 '어디에 경계선이 있는가? 무엇이 액자인가?'를 최우선적으로 알아차려야 합니다. 그곳을 벗어났을 때에는 사물을 해석하는 방법을 바꾸고, 언어 사용법을 달리하고, 신체감각을 바꾸지 않으면 안 되기 때문입니다. 그러한 경계선이 어딘가에 있습니다. 그것을 간과해서는 안 됩니다. 실제로 그것을 간과하지 않기에 우리는 미치지 않고 일상생활을 살아갈 수 있는 것입니다.

명상과 수업

액자에 도움 받고, 액자에 구속당한다

그러나 미치지 않는 대가를 우리는 다른 어떤 형태로 지불하기도 합니다. 그것은 자신이 무의식중에 선택한 한 가지 '액자'에 스스로 구속당하는 것입니다.

그곳을 벗어나면 눈에 보이고 귀에 들리는 것의 해석을 달리하지 않으면 안 되는 경계선을, 우리는 스스로 설정하면서도 스스로 그것을 설정했다는 사실을 잊습니다.

무의식중에 한 일이기에 어쩔 수 없지요. 의식적으로 하는 일이라면 수정이나 교체도 가능하지만, 무의식적으로 해버린 일에 대하여 '나는 무의식중에 무엇을 했는가?'라고 묻기란 절망적이리만치 어렵습니다.

일례를 들어 보지요.

옛날 제우크시스와 파라시오스라는 두 화가가 있었습니다. 그들은 누가 더 사실적으로 그림을 그릴 수 있는지, 그 기술을 겨루게 되었습니다.

제우크시스는 벽에 진짜와 똑같은 포도 그림을 그렸습니다. 새가 날아와 그 포도를 쪼아 먹을 만큼 그림은 사실적이었지요. 그 완성도에 만족한 제우크시스는 기세등등하게 "자, 이번에는 당신 차례야"라며 파라시오스를 돌아봤습니다.

그런데 파라시오스가 벽에 그린 그림에는 장막이 드리워져 있어 그림이 보이지 않았습니다. 제우크시스는 초조해하며 '그 덮개를 벗기라'고 재촉했습니다.

그때 승패가 결정되어 버렸습니다. 파라시오스는 벽 위에 '장막 그림'을 그렸던 것이지요.

제우크시스가 이 승부에서 패배한 것은 그가 그림에 대한 고정적인 관념을 가지고 있었기 때문입니다. 그래서 그곳에 정말로 존재하는 것을 올바르게 볼 수 없었습니다.

파라시오스가 이긴 것은, 모든 사람은 무의식중에 어디부터 어디까지가 액자인지를 확정하고 그 이후에는 세계를 관념적으로 나누기 시작한다는 것을 알고 있었기 때문입니다.

이때 제우크시스가 확정한 '여기부터 여기까지가 현실이고, 여기부터 그림이 시작된다'는 '액자 결정'은 결코 객관적인 현실 관찰에 근거한 것이 아니었습니다.

우리는 액자가 세계를 어떻게 구분하는지를 알려고 할 때, 그것이 매우 우선순위가 높은 인식 문제이기에, 오히려 그 확정에 시간을 들이는 걸 꺼립니다. 액자가 어디부터 어디까지인지를 결정하지 않는다면, 애초에 이야기가 시작되지 않습니다. 액자 결정은 기다리지 않고 절박하게 우리를 찾아옵니다. 따라서 우리는 '보통 액자는 이런 것'이라는 정형적인 고정관념에 간단히 굴복해 버리지요.

사실적으로 그림을 그리는 솜씨를 겨룰 때에 '그림을 덮은 장막 그림'을 그리는 화가가 있을 리 없다는 제우크시스의 '상식'이, 실제로 다가가 자세하게 살펴보면 서툰 붓질에 세밀한 곳의 데생이 잘못되어 있을지도 모르는 파라시오스의 장막 그림을 '장막 그 자체'로 오인하게 했습니다.

결국 가까이서 잘 보면 오인할 리 없는 장막 그림에 압도적인 현실감을 부여한 것은 제우크시스 자신입니다.

'비명상적'인 사람의 행동거지

제우크시스와 파라시오스의 행동은 어딘가에서 '명상'의 본질을 다루고 있습니다. 파라시오스의 행동은 '명상적'이고 제우크시스의 행동은 '비명상적'입니다.

세계를 질서 정연하고 알기 쉬운 것으로 받아들이기 위해서 인간은 얼마든지 현실을 다른 것으로 봅니다. 그 같은 인간의 세계 인식 습관에 대하여 화가인 제우크시스는 주의가 조금 부족했습니다.

따라서 '명상적'이라는 것이 어떤 것인지를 알고 싶다면, 그 반면교사인 제우크시스가 어떻게 '비명상적'으로 행동했는지를 점검하면 될 것입니다.

제우크시스는 한 가지 정형적인 세계에 집착했습니다. 조급하게 제

사정에 맞게 만들어 낸 액자인 '비현실과 현실의 경계선'에 매달립니다. 그리고 그 액자에 근거하여 한순간 현실로 구분한 것을 그것이 아무리 거짓처럼 보여도 '이것은 현실'이라 믿습니다. 또한 한순간 비현실로 구분한 것을 이후 아무리 진짜처럼 느껴져도 '현실일 리 없다'고 단언했습니다.

그 같은 '세계 인식의 완고함'을 '비명상적'이라 해도 좋지 않을까요.

그런 비명상적인 사람이 사는 세계는 분명 견고합니다.

그러나 그런 사람이 극장에 갔을 때, 대기실에서 불이 나 무대 위 배우들이 놀란 낯빛으로 마구 날뛰고 있어도 '이것은 연극'이라며 자리에서 일어서려 하지 않는다면, 그런 유형의 완고함이 그 사람의 생존 기회를 증대시켜 줄 리 없겠지요.

그때마다 최적의 '액자' 선택하기

선인이 명상이라는 기법을 발명한 것은 물론 '살아남을 기회를 증대시키기 위해서'입니다. 이것은 얼마든지 단언할 수 있습니다. 인류 선조들이 창의적으로 고안해 낸 심신의 기법은 모두 살아가는 지혜와 힘을 키우기 위한 것입니다.

자신의 머리가 나빠지고 신체 능력이 저하되고 살아갈 의욕을 앗아가는 기술을 개발하기 위하여 창의적으로 고안해 내는 사람은 없습니다. 가령 있었다고 해도 머리가 나빠서 아이디어를 떠올리지 못하고, 신체 능력이 낮아져 하려는 일을 몸으로 실행할 수 없고, 살아갈 의욕이 사라져 곧 죽고 말아 그 사람의 사상은 지금은 전해지지 않습니다.

다시 한 번 말하면, '선인이 고안해 낸 온갖 신체 기법은 살아가는 지혜와 힘을 향상시키기 위한 것'입니다.

이것이 두 번째 명제입니다.

첫 번째 명제는 앞에서 다뤘는데, 잊었을지도 모르니 다시 한 번 적어 보지요.

'액자를 간과한 자는 세상의 모든 것을 간과할 가능성이 있다.'

우리 인간은 액자가 없으면 세계를 인식할 수 없습니다. 그러나 한 가지 액자를 고집하면 세계를 적절하게 인식할 수 없습니다.

이 두 가지 명제를 나란히 보면 명상에 대한, 보다 포괄적인 세 번

배움은 어리석을수록 좋다

째 명제를 이끌어 낼 수 있습니다. 즉,

'우리가 적절히 살아가기를 바란다면 그때마다 세계 인식에 가장 적절한 액자를 선택하지 않으면 안 된다.'

액자를 '현실과 비현실의 경계선'이라는 말로 바꾸면 그것을 '의미의 도량형'이라 말해도 좋겠지요. 눈앞에 출현한 것에 가장 적절한 '의미의 도량형'을 적용하는 것이지요.

무게를 측정해야 하는지, 길이를 재야만 하는지, 속도를 계측해야 하는지, 점도나 빛의 세기를 측정해야 하는지.

그것을 우리는 순식간에 판단해야 합니다. 이쪽을 향해 쏜살같이 달려오는 자동차가 있을 때 그 '디자인'이나 '색상'에 대하여 어느 정도 적절한 심미적 판단을 내린다고 해도 그것으로 우리가 살아남을 확률이 높아지는 것은 아닙니다. 그보다는 맹렬한 속도로 달리는 자동차가 내가 있는 곳까지 어떤 코스를 거쳐서 몇 초 뒤에 도달하는지를 정확히 예측할 수 있는 도량형을 선택해야만 합니다.

따라서 도량형을 선택할 때는 그 선택으로 생존 확률이 높아지는가를 기준으로 삼지 않으면 안 됩니다.

그런 이야기입니다.

무도가가 본
명상의 이치

살아남기 위한 명상, 타자와 하나 되기

이상의 예비적 고찰을 거쳐서 드디어 '명상과 신체성'이라는 이 글의 주제에 들어가 보지요.

나는 이 글을 무도가라는 입장에서 쓰고 있습니다. 무도 수련자의 입장에서 보면 명상이라는 것은 제자리걸음, 자세 잡기, 눈빛, 발놀림, 손놀림의 신체 운용 같은 '구체적인 기술'입니다.

무도가가 최우선적으로 개발하길 바라는 것은 위기에 빠졌을 때 적절히 상황을 판단하는 기술, 심신의 기능이 필요할 때에 폭발적으로 발휘하여 생존하는 기술입니다.

배움은 어리석을수록 좋다

상황을 적절하게 판단하고 심신 능력을 폭발적으로 발현하는 것은 지금껏 말해 온 바와 같이 가장 적절한 도량형을 선택하지 않고는 달성할 수 없는 일입니다. 그리고 명상이 '액자 문제'인 이상, 그것 없이는 '최적의 도량형 선택'을 완수할 수 없습니다.

앞에 들었던 예처럼 맹렬한 속도로 달려오는 자동차에 대처할 때, 우리 인간은 순간적인 명상에 접어들고 자신과 자동차를 포함한 '어떤 구조체'와 한 몸이 됩니다. 그 구조체는 시시각각 형태가 변화하는데, 그 변화에는 어떤 법칙성이 있습니다. 이 법칙성을 읽어 낸 사람은 충돌을 면할 수 있지요. 나를 향해서 정체를 알 수 없는 것이 긴박하게 다가오는 상황에서 '나'에 머무는 사람은 살아남기 어렵지요.

명상이 가져다주는 가장 중요한 것은 '타자와의 동화'입니다.

여기서 '타자'에 포함되는 것은 인간에 국한되지 않습니다. 여기에는 자연현상도, 기계의 움직임도, 그곳에 없는 것도 포함되지요. 타자와의 동화를 효과적으로 달성한 사람은 그러지 못한 사람보다 생존할 기회가 있습니다. 이것은 오랜 세월 수련해 온 무도인으로서 경험적으로 알고 있습니다.

내가 이렇게 장담해도 독자 여러분은 아마 당혹스러울 것입니다. 어째서 그런지 그에 대하여 잠시 설명해 볼까 합니다.

최고의 약함, 지나친 의심에 머무는 것

뒤집어 생각해 보면, 충분히 납득할 수 있습니다. 적절한 상황 판단이 불가능한 것은 어떤 경우인가? 심신의 능력이 향상되지 않는 것은 어떤 경우인가? 그것에 대하여 생각해 보면 됩니다.

적절한 상황 판단이 불가능한 것은 맞닥뜨린 사태가 일상적이지 않기 때문이지요. 예측이나 기대의 범위를 벗어난 일이 일어났을 때 우리는 무엇이 일어났는지 잘 이해할 수 없습니다.

따라서 어떻게 대처하면 좋은지 알지 못하지요. 그것이 어떤 것인지 이해할 때까지, 그 자리에 우두커니 멈춰 서서 온몸의 센서 감도를 최대치로 높이고 우리 몸에서 무슨 일이 일어났는지, 일어나고 있는지를 알려고 합니다.

이 상태를 무도에서는 '호의狐疑(매사 지나치게 의심한다)'라 한다고 무술가 고노 요시노리甲野善紀 선생님은 말씀해 주셨습니다.

여우는 의심이 많아 꽁꽁 얼어붙은 강을 건널 때도 얼음이 깨지는 않을지 얼음 아래 희미한 물소리에 귀를 기울입니다. '호의'라는 말은 이런 여우의 동물행동학적 관찰을 근거로 만들어진 표현이지요.

무도는 본디 대립적인 체계로 이야기하는 것을 내켜하지 않지만, 이해하기 쉽게 말하면, 얼음 아래 희미한 물소리에 귀를 기울일 수 있는 심신 상태가 무도적으로는 가장 약합니다. 센서 감도가 높아져 경계

배움은 어리석을수록 좋다

심이 최대치에 이르러 어떤 미세한 정보 입력도 놓치지 않는 게 어디가 나쁘다는 것인지 의아해하는 사람도 있을 테지요. 바로 이 점이 좋지 않습니다.

무엇이 일어나는지 '기다리는' 구조는 원리적으로 선수先手를 빼앗깁니다. 아무리 신속하고 적확하게 반응했어도 본디 반응하는 게 늦는 것을 전제로 합니다. 따라서 신체 기술의 경우에 상대가 이 '호의' 상태에 있을 때에 가장 조작하기 쉽습니다(사실 조작한다는 대립적이고 주객 이원론적인 표현은 사용하고 싶지 않지만, 편의적으로 사용하였습니다).

'호의'에 머무는 인간은 외부로부터의 조작적인 개입을 지극히 예민하게 받아들입니다. 약간의 입력에도 민감하게 반응합니다. 극단적으로 말해, 이쪽이 손가락 하나만 까딱 움직여도 반응합니다. 따라서 이쪽이 원하는 방향으로 이끌어 원하는 자세를 취하게 만들 수 있지요. 결국 호의에 머무는 자의 생사 여탈권은 기술을 거는 쪽이 쥐고 있다고 할 수 있습니다.

타조 전략도 '비상시 위기'에는 효과가 없다

물론 이 같은 사태를 꺼려서 '반응하지 않는다'는 옵션을 선택할 수 있습니다. 신체를 단단히 웅크리고 모든 입력에 대한 반응을 거부하는, 모래 속에 머리를 박는 '타조 전략'이 그것입니다.

이 타조 전략을 채용하면 분명 '호의'적인 방식으로 선수를 빼앗기는 일을 미연에 막을 수는 있습니다. 따라서 어떤 기술에도 반응하지 않고 그저 온몸을 긴장시킨 채 얻어맞든 발로 차이든 꿈쩍 않고 인내하는 전략은 상당히 효과적이지요.

실제로 우리 사회의 구성원 대부분은 방어기제로서 '타조 전략'을 채용하고 있습니다. 얼굴을 감싸고 책상 아래에 숨어 태풍이 지나가길 기다리는 것이 얼마나 유효한지 널리 알려져 있지 않다면, 이토록 많은 대다수 사람이 동일한 위기 대응법을 선택할 리 없겠지요.

그러나 '타조 전략'은 인간관계에서는 그나마 효과적이기는 하지만, 자동차가 쏜살같이 달려오거나 천재지변과 조우하거나 고질라가 덮쳐오는 위험에는 전혀 대응할 수 없습니다.

결국 '타조 전략'으로 평상시 흔히 일어나는 위험에는 대처할 수 있지만, 비상시 위기에는 대응할 수 없습니다. 비상시 위기에 대응할 수 없는 것을 보통은 '위기 대응'이라 말하지 않지요.

도쿄전력의 원자력 발전소 사고가 발생했을 때, 일본의 위정자들이

배움은 어리석을수록 좋다

오랜 세월 '위기 대응' 방침으로 '비상시 위기에는 대응하지 말 것'을 채용해 왔다는 사실이 여실히 드러났습니다. 그 이선에도 그리고 이후에도 기회가 있을 때마다 나는 무도가로서 위기 대응의 자세에 대하여 이야기해 오는데, 정관재政官財의 요직에 있는 사람들 가운데 나의 주장을 진지하게 받아들인 사람은 거의 없었습니다.

원자력 발전소 사고의 재발도, 후지산이 분화하는 것도 그들은 생각하려 하지 않습니다. 아마 그 같은 개연성이 낮은 위기에 대하여 대책을 강구하는 것은 '비용적인 측면에서 낭비가 많다'는 계산에서 나온 판단일 것입니다.

'허비로 끝나게 될지도 모르는 비용'을 받아들일 바에는 '단기적으로 확실한 수익이 기대되는 곳'에 우선적으로 한정된 자원을 투입하는 것이 낫다는 것이겠지요. 신자유주의적인 '선택과 집중' 준칙에 따른다면 그것은 결코 잘못되지 않았습니다.

그러나 반복해 말하지만, 그런 자세로는 '비상시 위기'에 대응할 수 없습니다. 그리고 비상시 위기에 대비할 수 없는 사람이 '생존할 기회를 높이려고' 노력한다고는 생각되지 않습니다. '여우'처럼 행동하든 '타조'처럼 행동하든 효과적으로 '비상시 위기'에 대응할 수 없습니다.

'지금 여기 나'에서 벗어나기

앞에서 말한 바와 같이 무도 수련의 목적은 비일상적인 비상사태와 만났을 때 적절히 대응할 수 있도록 하는 것입니다. 필요한 순간에 심신의 능력이 한계를 넘어 최대화되는 '구조'를 신체에 깊이 각인시키는 것입니다. 어쩌면 좋을지 모를 때에 어쩌면 좋을지 모르는 신체 기법을 습득하는 것입니다.

여우도 타조도 아닌 방식으로, 위기에 대응하기 위해서 우리는 무엇을 해야만 할까요?

'명상'이 이 물음에 대한 기술적인 대답이 될 것입니다.

명상이란, 예비적 고찰에서 살펴보았듯이 '액자 설정'에 관한 기법입니다. '지금 여기 나'라는 부동의 정점에서 벗어나 '지금'이 아닌 시간, '여기'가 아닌 장소, '내'가 아닌 주체의 자리로 이동하는 것입니다.

그곳에서 '지금 여기 나'가 조우한 사태를 관찰하고, 무슨 일이 일어나는지를 이해하고, 해야 할 일이 있다면 그것을 합니다. 그것이 무도적인 의미의 명상입니다.

지금 '관찰'이나 '이해', '한다'는 타동사적인 말을 이용했지만, 이것은 말로서 사실 적절하지 않습니다(적절하지 않은 말만 사용하게 되어 실로 미안하군요).

그것은 명상 상태에서는 타동사적인 동작을 컨트롤하는, 소위 '주

배움은 어리석을수록 좋다

체'가 존재하지 않기 때문입니다. 관찰이 이뤄지고 이해되고 해야 할 동작이 달성되는 것인데, 그것들은 주체를 갖지 않는 '자동적인' 행동이기 때문입니다.

'관찰한다'는 동작의 주체는 '관찰' 그 자체입니다. 문이 저절로 열리는 것과 같지요. 아무도 있을 리 없는데 문이 열립니다. 마치 문 자신이 고유의 의사가 있어 움직이는 것처럼 문이 열릴 때가 있습니다. 그것과 같습니다.

관찰하는 것은 관찰하는 행위 자체이고, 관찰하라고 명령하는 주체나 관찰하여 얻은 정보를 분석하는 주체는 존재하지 않습니다. 중추적인 조작의 주체가 지시명령이나 예견을 보내지 않음에도 개의치 않고 무언가가 달성됩니다.

그것이 명상 상태에 있을 때 우리 심신에서 일어나는 일입니다.

명상 상태에서 심신에 일어나는 변화

이 같은 주체와 객체의 이원성이 녹아 뒤섞인 상태, 입력과 출력이라는 순차적인 과정이 없는 상태를 무도 용어로는 '기機'라 합니다. '기'란, 현재에도 과거에도 미래에도 없는 시간 속에 선다는 것이지요.

앞에서 '석화지기石火之機'라는 말에 대해 해석했지요. 부싯돌을 치는 것과 불꽃이 튀기는 것이 동시에 일어나는 것입니다. 다시 말하자면 '간발의 차이도 두지 않는다'는 의미입니다. 손뼉을 칠 때에 두 손이 마주치는 것과 소리가 나는 것 사이에 끼어들 틈도 없을 만큼 간발의 차이도 없는 것을 가리킵니다.

'줄탁동시啐啄同時'도 그러합니다. '줄啐'은 어미 새가 껍질을 쪼아 깨는 소리입니다. '줄탁동시'란 스승과 제자의 호흡이 정확히 맞는 것, 가르치는 자와 배우는 자가 동시적으로 만들어 내는 상황을 가리킵니다. 껍질이 깨지기 전에 '병아리'는 아직 태어나지 않고, 껍질이 깨지기 전에 '어머 새'도 아직 어미가 되지 않습니다. 껍질이 깨어졌을 때에야 병아리와 어머 새는 동시적으로 이 세계에 출현합니다. 이것을 선승과 무도인은 '기'라고 칭하는 것입니다.

선승도 무사도 기를 중시합니다. 그것은 신속하게 반응하는 게 아닙니다.

'신속하게 반응한다'는 것은 입력이 있고 나서 출력이 있기까지의 시간 차가 많고 적음에 대하여 말하는 것이기에 이미 일의 선후를 전제로 합니다. 그러나 제아무리 신속하게 반응해도 '선수를 빼앗기는' 데는 변함이 없습니다.

그러면 '선수를 잡으면' 좋은가 하면 그것도 아닙니다. '선수를 잡는다'는 건 상대의 움직임을 예측하고 상대가 움직이기 전에 움직이는 것이지요. 이것도 과거·현재·미래라는 일방적인 시간의 흐름 속에서 상대적인 지속遲速(빠르거나 늦거나)을 겨루고 있다는 점에서는 변함이 없습니다.

기機의 달성, 액자를 벗긴다

'기'란 복수의 사물이 어떤 동작을 협동적으로 달성하는 것이지만, 그에 앞서서 운동을 지시하거나 명령하는 주체가 어디에도 존재하지 않는 모습을 가리킵니다.

앞뒤 관계가 없기에 뒤지지도 않고 앞서지도 않습니다.

우에시바 모리헤이 선생님은 기를 비유하여 목검을 내리쳤을 때에 상대가 칼 아래로 머리를 내미는 것과 같다고 말씀하셨지요. 운동 속도가 제아무리 빨라도 시간의 선후를 논하는 한, 이 같은 합일은 달성할 수 없습니다.

어떻게 하면 이 조건을 채울 수 있을까요?

너무 어렵게 생각할 필요는 없습니다. '지금 여기 나'라는 세 가지에 머물기를 해제하고, '액자를 벗어' 버리면 됩니다. 그 기술적인 이치는 앞서 서술한 '석화지기'의 내용에도 나와 있습니다.

손바닥을 마주쳐 소리가 날 때에 무슨 일이 일어나는가? 우리는 누구나 알고 있습니다. 눈을 감아도, 어둠 속에서도 우리는 늘 두 손을 마주칠 수 있습니다. 박수할 때에 오른손이 왼손을 찾거나 왼손이 오른손과 만나기 위한 최적의 동선을 탐색하는 따위의 일을 우리는 하지 않습니다. 오른손과 왼손은 마치 자석이 들러붙듯 공중의 한곳에서 마주쳐 숙명적인 만남을 이룹니다.

왜 이런 일이 가능한 것일까요?

본디 하나의 신체이기 때문입니다.

하나의 몸뚱이에서 갈라져 나온 두 손이 행하는 운동인 이상, 박수는 오른손이 리드하는 운동도 왼손이 리드하는 운동도 아닙니다. 오른손이 선수를 잡거나 왼손이 기선을 제압하는 일은 있을 수 없습니다.

박수라는 행위를 리드하는 것은 '박수 그 자체'로, 왼손과 오른손은 소위 그 동작의 하위구분에 지나지 않습니다. 박수라는 행위가 이뤄진 뒤에 그곳에서 만나는 것으로, 사후적·소급적으로 오른손과 왼손이 나눠지는 것이지 박수에 앞서 오른손과 왼손이 있는 게 아닙니다.

배움은 어리석을수록 좋다

이상적인 만남이란 '키마이라적 신체' 같은 것

무도적인 만남도 이상적으로는 박수와 같습니다.

'나'와 '상대'가 적대적으로 대치하는 게 아닙니다. 먼저 '만남'이라는 사실이 있고 그 이후에 만난 것은 누구와 누구인가 하는 소급적인 물음이 발생합니다.

'만남'이 일차적으로 발생합니다. 이 만남의 주인공은 '나'도 아니고 '상대'도 아닙니다. '만남 그 자체'인 것이지요. 나와 상대는 하나의 신체를 이뤄 어떠한 동작을 달성합니다. 내가 '오른손'이라면 상대는 '왼손'이고, 양자의 만남은 박수하는 손에 선후가 없듯 앞뒤가 없습니다. 이것이 논리적으로 이끌어 낼 수 있는 자명한 결론입니다.

물론 이것은 어디까지나 '이론적'으로 그렇다는 것이라 '그렇다면 여기서 해보라'는 요청에 즉시 보일 수 있는 것은 아닙니다. 그러나 이 '이론'이 옳다고 확신합니다. 그것은 오랫동안 수련해 온 사람이라 압니다. '교토행 신칸센을 타고 있다'는 걸 알면 '당신이 있는 곳이 오다와라이지 교토가 아니다'라는 말을 들어도 특별히 신경 쓰이지 않는 것과 같습니다. 실제로 내가 교토로 향하고 있다는 것은 하코네 산의 달라지는 풍경으로 이미 몸으로 인지하고 있기 때문이지요.

두 사람이 대치하고 있을 때에 그 사태를 '머리 둘, 몸뚱이 둘, 팔 넷, 다리 넷'인 키마이라Chimaira(그리스 신화에 등장하는 괴물로 반인

반수인 티폰과 에키드나 사이에서 태어났다. 머리는 사자, 몸통은 염소, 꼬리는 뱀의 형상을 하고 있다)적인 생물이 '하나' 있다는 식으로 생각합니다.

과연 외관상으로는 꽤 복잡한 생물이지요. 그러나 아무리 복잡해도 그것이 하나의 생물인 이상 그곳에는 고유의 구조법칙이 있고 운동법칙이 있습니다. 키마이라적 신체의 균형을 잡고 일으켜 세우고 회전시키고, 달리게 하고 춤추게 하는, '혼신의 이론'이 어딘가에서 작동하고 있습니다. 따라서 실제로 이 '머리가 둘인 생물'은 최적의 동선을 밟아 최단 시간, 최소 에너지 소비로 '어떤 운동'을 달성하려고 지금도 합리적으로 움직이고 있습니다.

나와 상대를 동시에 포함한 '복합적 신체'가 있습니다. 이 복합적 신체의 구조와 운동 이론을 알아차릴 수 있다면, 그 신체의 '주체'는 이 복잡한 구조물을 자유자재로 움직일 수 있습니다. 그 자유자재로 이뤄지는 운동에서 나는 물론 상대도 이미 의식되지 않습니다. 나와 상대가 개별적으로 각각 자기 사정에 의해 움직인 결과의 산술적 총합으로서 복합적 신체의 운동이 있을 수는 없기 때문이지요.

복합적 신체는 이미 성립하여 움직이고 있습니다. 그 구성 요소인 나와 상대는 사후적으로 나뉠 따름입니다. 그 틀에서 생각하면, 나와 상대의 움직임의 전후나 강약, 승패, 잘하고 못함의 차이는 문제되지 않습니다.

배움은 어리석을수록 좋다

복합적 협동신체

이것에 대하여 이야기한 것이 다쿠안 소호의 《태아기太阿記》 첫머리 한 구절입니다. 아마 무도를 지향하는 사람 중에 이 말을 모르는 자는 없을 것입니다.

> 생각컨대, 검객은 승패를 다투지 않고 강약에 구속받지 않고 한 걸음도 내딛지 않고 한 걸음도 물러서지 않는다. 적은 나를 보지 않고, 나는 적을 보지 않는다. 천지가 나뉘지 않고, 음양이 갈리지 않는 경지에 이른 것을 공을 이룬 것이라 한다蓋兵法者, 不争勝負 不拘强弱, 不出一步 不退一步, 敵不見我 我不見敵, 徹天地未分陰陽不到処直須得功.
>
> 《선입문8 다쿠안》, 〈태아기〉, 다쿠안 소호 저, 고단샤, 1994년

검객은 승패나 강약을 겨루지 않습니다. 한 걸음도 내딛지 않고 한 걸음도 물러서지 않는不出一步 不退一步 것은 '나'와 '적' 사이에 인습적인 의미에서의 '타이밍'이 존재하지 않는다는 것을 보여 줍니다. 적은 나를 보지 않고 나는 적을 보지 않는敵不見我 我不見敵 것은 '주체와 대상'이 이원관계가 아님을 보여 줍니다. 천지와 음양이 나뉘지 않는天地未分陰陽不到 경지에 이른다는 것도 역시 이극적인 우주관의 무효를 이야기하고 있습니다. 그 같은 경지에 이른 것을 공功을 터득한 것이라 말합니다.

다쿠안 선사가 말하는 이 경지를 '복합적 신체의 구축'이라는 순수하게 기술적인 문제로 바꿀 수 있지 않을까요?

물론 이 문장은 여러 의미로 해석할 수 있어서 단정적으로 해석할 수는 없습니다. 그것은 어떤 최종적인 해석에도 이르지 않는 끝없는 '수수께끼' 같은 구조로 되어 있습니다. 우리는 각각의 수업 달성도에 따라 그때마다 이 문장에 대한 새로운 해석을 내립니다.

그런 까닭에 이 책이 전하는 가르침은 이후 수업의 단계가 진행되면 반드시 이전의 해석을 철회합니다. 자연과학의 가설과 같지요. 가설을 제시하고, 실험하고, 반증사례가 출현하고, 다시 가설을 세우는……그 끝없는 반복인 것이지요.

앞서 내린 해석은, 나중에 나오는 보다 포괄적이고 보다 정합적인 해석에 부분적으로 타당한, 지엽적인 법칙으로 살아남으면 충분합니다. 따라서 수련자는 아무리 미숙해도 그 단계에서 적절하다고 생각하는 해석을 단정적으로 말해야만 합니다.

초보자는 여러 가지로 생각할 수 있는 애매한 해석을 내놓아서는 안 됩니다. 아무리 어리석어도 그 단계에서 '나는 이렇게 해석했다'고 명확히 해두지 않는다면 어디를 어떻게 잘못 이해했는지 나중에 자기 자신도 알 수 없게 되기 때문입니다.

다의적 해석이 가능한 열린 문장에는 소극적으로 애매한 해석을 해서는 안 됩니다. 그것은 문장에 대한 경이로움의 표현이 아닙니다. 그저 오답을 하는 것에 대한 두려움, 결국 자신을 지키는 것에 지나지 않습니다.

나는 《태아기》 권두의 한 소절을 '복합적인 신체 구축'의 이론적 근거로 해석했습니다.

여기에 한마디 덧붙이자면, 나의 이 해석은 잘못입니다. 나 정도의 수련 단계에서 내린 해석이기에 분명 잘못이라 말할 수 있습니다.

그러나 어디가 어떻게 잘못되었는지 나는 아직 알지 못합니다. 자신의 잘못을 스스로 납득하기 위해서는 이 이론을 끝까지 철저히 밀고 나가고, 그 해석에 근거한 수련법을 궁리하고, 시간을 들여 잘못된 점을 몸소 깨달을 수밖에 없습니다. 번거로운 문장 해석이지만, 경험적으로 나는 그것이 가장 효율적인 수업법이라 생각합니다.

그런 까닭에 현 단계에서 나는 《태아기》의 가르침을 '키마이라적 복합 협동신체'의 구축이라는 기술적 과제로 '굳이 축소시켜' 이해합니다. 여하튼 그 같은 복합적 신체를 만드는 방법에 대해서는 실기적인 '수단'을 알고 있기 때문입니다.

그것으로 해보고 생각처럼 순조롭게 진행되지 않는다면 그때의 일은 그때에 다시 생각하면 됩니다. 그리고 '그때의 일'을 생각해야만 할 때가 반드시 옵니다.

명상과 무도,
인간을 인간답게
하는 것들

비상시에는 '자아'가 리스크가 된다

'주체'나 '자아', '대상', '적'이라는 개념은 구축되는 것입니다. 그것은 이 세계에 그 자체로는 존재하지 않습니다.

우리는 '그런 것'이 마치 자연물처럼 자존하는 양 말하지만, 그것은 아닙니다. '자아'라는 것은 여하튼 경상단계(생후 6개월에서 1년 반에 이르는 유아 발달단계) 이전의 유아에는 존재하지 않으며, 그 이후에도 잠자는 중이나 도취되어 있는 중에는 제대로 기능하지 않고, 죽음이 다가오면 혼탁해집니다. 따라서 그것을 생명활동의 중심으로 파악할 수는 없습니다.

배움은 어리석을수록 좋다

생명활동의 중심에 있는 것은 자아가 아닙니다. '살아가는 힘'입니다. 그 이외에는 없습니다. 자아도 주체도 실존도 직관도 테오리아 theoria도 초월적 주관성도 생명활동의 중심적인 자리를 차지할 수 없습니다.

경상단계에 있는 유아가 '자아' 개념을 획득하는 것은, 자아라는 게 있는 편이 살아가는 데 유리하다는 판단이 있었기 때문입니다. 자아는 살아가기 위한 하나의 도구에 지나지 않지요.

따라서 자아가 있어 사는 게 불리해지는 상황과 만나면 '살아가는 힘'은 자아의 기능을 정지시킨다는 판단을 내립니다.

이야기는 극히 계량적입니다. 승패를 다투지 않고 강약에 구속받지 않는 것은 정신론도 현학적인 도회韜晦도 아닌 생물학적인 차원에서 '살아가는 데 유리한 선택지' 중 하나로 제시된 것입니다.

물론 평시에는 '자아 기능의 정지' 같은 긴급지령은 좀처럼 발동하지 않습니다. 평시에는 이기든 지든, 강하든 약하든 죽을 리 없는 생활을 보내고 있기 때문이지요. 승패를 다투고 강약에 구속당하고 얽매여 있어도 특별히 곤란하지 않은 상황을 '평시'라 말합니다.

그러나 그 같은 평시의 마음가짐밖에 모르는 사람은 비상시 적절히 대응할 수 없습니다. 대응하지 못한다는 것은 물론 집단의 존속을 위협하는 최악의 위험요인이 되기도 합니다.

자아를 고집하는 자가 초래하는 재앙

합리적으로 생각하여 파국적 상황(예컨대, 천재지변이나 공중납치를 당한 경우)에서 살아남을 확률을 높이려면, 우리가 먼저 해야 하는 일은 '지금 어떤 일이 일어나고 있는지에 대하여 가능한 정확한 정보를 모으는 일'입니다. 그래야 비로소 이야기가 시작됩니다.

그 경우에 홀로 있는 것과 다수의 사람이 함께 있는 것 중에서 어느 쪽이 생존 확률이 높을까요?

생각할 필요도 없습니다. 많은 사람과 함께 위기 상황에 던져지는 편이 혼자 있는 것보다 연명할 확률이 훨씬 높지요. 그것은 보이는 것, 들리는 소리, 냄새, 촉각은 사람이 많을수록 정보량이 많아지기 때문이지요. 정보 수집에 대한 참고자가 많은 만큼 '지금 무슨 일이 일어나고 있는가'에 대한 이해는 깊어집니다.

바꿔 말하면, 그때 그곳에 있는 모든 사람이 가져온 감각 정보를 종합한 '통일 감각'을 지닌 하나의 협동신체가 완성되는 것입니다. 혼자서는 보이지 않던 것이 보이고, 혼자서는 듣지 못하던 소리가 들리고, 혼자서는 감지하지 못하던 것을 감지할 수 있는 것은 '그 자리의 모든 이를 구성요소로 한 키마이라적 신체'가 그곳에 존재하기 때문입니다.

그러나 그 같은 키마이라적 신체를 구성하고 그것을 적절히 조작하기 위해서는, 위기 상황과 만났을 때 그 같은 것을 서둘러 만들어 내야 한다는 예지를 내면화시킨 인간이 필요합니다.

공황상태에 빠져 뿔뿔이 흩어져 도망치는 사람들을 응집시켜 한 사람, 한 사람이 보고 들은 단편적 정보를 종합하고, '무슨 일이 일어났는지, 지금부터 어떻게 하면 좋은지'를 추리하기 위해서는 키마이라적 협동신체의 구성이 급선무라는 것을 아는 사람이 필요합니다.

그것이 다쿠안 소호 선사가 말하는 '병법자'입니다.

그러나 병법자의 일을 방해하는 존재가 있습니다. 그것을 '반－병법자'라 말할 수 있습니다. 승패를 다투고 강약에 구속당하는 것을 평소 일로 삼는 사람입니다.

그는 키마이라적 신체라는 게 있다는 걸 모르고, 그 기능도 유용성도 알지 못합니다. 반－병법자는 자아를 고집합니다. 자기만의 오감이나 가치 판단에 머물고, 자기만의 생존을 우선하고, 타자와의 협동신체 구성을 거부합니다.

그 같은 이기적 개체는 어떤 위기적 상황에서든 반드시 출현합니다. 그리고 모든 할리우드 재난 영화가 가르쳐 주는 것은 그런 인간이 가장 먼저 죽는다는 것입니다.

설화 원형적으로는 그렇습니다. 그러나 설화 원형이 '그런' 것은 '사실은 그렇지 않다'는 것을 의미합니다. 똑같은 이야기가 끊임없이 반복하여 회자되는 것은 그 교훈이 조금도 활용되지 않기 때문이지요.

유감스럽게도 위기 상황에서 사람들은 유사한 경험칙에 의해 심사

숙고하여 적절한 행동을 선택하는 것이 아닙니다. 만일 평소에도 그처럼 집합적인 예지에 따라서 사람들이 행동한다면 재난 영화는 아무도 만들지 않을 것이고 아무도 보지 않을 것입니다.

이토록 집요하게 공포담이나 파국을 극복해 내는 이야기를 들려주고, 그때마다 위기와 만났을 때 자아를 놓지 않는 이기적 인간이 초래하는 재앙과 파멸에 대하여 끊임없이 묘사하는 것은, 정말로 위험한 존재임에도 불구하고 그런 인간이 없어지지 않기 때문입니다.

자아 벗어던지기

그처럼 단 한 사람의 반-병법자로 인해 위기에 처하여 전멸한 집단을 인류사는 무수히 알고 있습니다. 그렇기 때문에 위기 상황에서는 무엇보다도 '키마이라적·복합적 협동신체의 구축'이 생존을 위해 중요하다는 것, 그 협동신체의 구성에 참가하지 않는 개체가 집단을 멸하는 자라는 것을 가르쳐 줍니다.

그러나 앞에서도 말한 대로 자기 이익의 추구를 최우선하고, 승패를 다투고 강약에 집착하는 이기적 개체는 평상시 자원 배분의 경쟁에서는 유리합니다. 따라서 평시가 계속 이어지면, 사람들은 자기 이익의 안정적인 확보를 추구하여 점차 반-병법자가 되어 갑니다. 이것은 당연한 일입니다.

그러나 평시는 오래도록 이어지지 않습니다. 어디에선가는 반드시 파국이 찾아오고야 말지요. 그때에 반-병법자적인 사람들은 파국을 더욱 파국적인 상태로 이끄는 최악의 위험요소가 됩니다.

따라서 우리가 집단으로서 살아가기를 원한다면 그들이 초래하는 재앙을 최소한으로 억누르기 위하여 가능한 것을 지금, 여기서 시작하지 않으면 안 됩니다.

이것으로 무도 수련을 평시에 해야만 하는 이유를 조금은 이해할 수 있을 것입니다.

우리는 실제로 사람을 때리거나 던지고 관절을 꺾기 위해 신체 사용법을 익히고 있는 것이 아닙니다.

자아라는, 평시에는 유용하지만 위기 시에서는 유해한 '액자' 장치의 탈착 훈련을 하고 있는 것이지요. 위기에 처했을 때 즉시 '자아'를 벗어던질 수 있는 훈련을 하는 것입니다.

명상이란, 앞에서도 말하였듯이 '지금 여기 나'라는 정점에서 머무는 자신을 해방하는 것입니다.

무도인은 '기機'를 중시한다고 말했습니다.

'명상'과 '기'는 완전히 차원이 다른 사상 같지만, 신체 사용법에서는 표리동체로, 동전의 앞과 뒤입니다. '지금 여기 나'라는 자아의 속박으로부터 자기 해방 없이 타자와의 '줄탁동시'적인 신체적 합일을 달성할 수 없습니다. 그리고 신체적인 합일에 의해 키마이라적·복합적 협동신체를 만드는 것만이 위기에서 살아남기 위한 답이기 때문입니다.

그것은 원초 생물이 신체를 구성하는 원자 수를 늘리거나 군생하여 생존 기회를 증대하려는 것과 본질적으로는 다르지 않습니다.

배움은 어리석을수록 좋다

무도에서의 안정타좌

이제야 무도와 명상의 기술적인 연결에 대하여 본격적으로 이야기하게 되는군요.

나는 다다 히로시 9단이 이끄는 도장 다다주쿠에서 가르침을 받고 있는데, 다다주쿠는 나카무라 텐푸中村天風 선생님이 창시한 텐푸회 방식을 이어받아 수련에서 명상을 매우 중시합니다.

다른 합기도 도장에서 호흡법이나 기의 연마나 명상법에 이토록 시간을 할애하는 경우를 거의 본 적이 없습니다. 다다주쿠에서는 '안정타좌安定打座(요가의 명상 자세)'라는 말을 자주 입에 올리는데, 이것은 반드시 정좌한 형태가 아니라 합기도 기술을 걸면서 명상 상태에 들어가는 것까지도 의미합니다.

안정타좌에 접어들 때는 기술적으로는 '계기'가 있습니다. '걸기'와 '받기', 기술을 거는 사람과 받는 쪽이 간격을 좁혀 잡았을 때에 내가 말한 '복합적 신체'가 형성됩니다.

그 '머리 둘, 몸뚱이 둘, 팔 넷, 다리 넷'의 키마이라적 운동체에도 '운동 중심'이 되는 한 점이 존재합니다. 온몸의 장력이나 척력이 균형을 이루는 한 점이 있습니다. 그것을 '기 맺음'이라 말하기도 하지요. 라캉의 '완충 공간'처럼 그 점이 전체에 구조를 부여합니다.

정확히 말하면, 실재하는 '점'이라기보다 블랙홀 같은 '허虛'입니다.

거기서 힘이 용출하여 그곳으로 힘이 빨려 들어가는 동적인 '허'입니다. 그것을 '단전 앞에 모으고 키마이라의 동선 위에 오른' 것이 여하튼 키마이라적 구조체를 조작하는 주체가 됩니다.

기 맺음을 단전 앞에 모으거나 혹은 동선과 자신의 정중선을 맞추는 신체 조작을, 자신의 움직임을 중심으로 상대를 제어하는 '상대적인 우열'이라는 어법으로 말해서는 안 됩니다. 그래서는 여전히 '나와 적'이라는 이원론을 따르기 때문이지요.

단전 앞에 모은다는 것은 공간적으로 유리한 위치에 선다는 의미가 아닙니다(그런 의미도 있습니다만). 그보다 오히려 힘의 원천과 연결되는 감각에 가깝습니다. 그 특권적 지위에 선 것에 키마이라적 신체 제어기능이 '다운로드'됩니다.

키마이라적 신체를 조작할 지위를 얻는 것은 '이긴다'는 것이 아닙니다. 단순히 이 복잡한 구조를 가진 매개물의 '운전석'을 차지하는 것입니다.

배움은 어리석을수록 좋다

내가 없으면 적도 없다

무도에서 정형화된 포즈를 단련할 때에 사전에 한쪽은 '자동차' 역할을 하고, 다른 한쪽은 '운전자' 역할을 정합니다. 기술을 받는 자(주로 지도자가 이 역할을 맡는다)는 기를 단전에 모으고 운전자 역할을 맡습니다.

그때 기술을 받는 자는 기술을 거는 자에 대하여 '이겼다'거나 '내가 강하다'는 인상을 가지지 않습니다. 이제부터 자동차를 달려 복잡하고 정교한 운전을 하려는 운전자가 자동차에 대하여 '승부·강약'을 겨루는 일이 없는 것처럼 말입니다. 운전자는 자동차가 최고의 운행성을 발휘해 주길 바랍니다. 무도의 자세 훈련도 그와 같습니다.

기를 단전 앞에 모았을 때에 실행자는 안정타좌에 듭니다. 그것이 규칙입니다. 명상 상태에 드는 것은 '내가 적을 제압한다'는 의식을 해제하고 '나 없이 적도 없다'는 융합 상태로 들어가는 것이기 때문입니다.

'나 없이 적도 없다'는 것은 의식을 투명하게 하라거나 아집을 멀리하라는 것으로 설명할 수 없습니다. 그러한 타동사적인 생각이 사라진 수준에 다다르지 않으면 안 됩니다.

'나 없이 적도 없다'라는 것은 내가 단독 동작으로 손을 올리거나 내리고, 발동작을 하거나 몸을 돌리는 것이 키마이라적 신체에 있어서는 이미 불가능하다는 것입니다. 무엇보다 '머리 둘(이하 생략)'의 복잡하고 정교한 신체입니다. '나'에게는 그 같은 것을 운전할 기술이 사전에

인스톨되어 있지 않습니다.

키마이라적 신체를 조작할 수 있는 것은 키마이라뿐이지요. 그런 이상 이 구조체·운동체의 조작은 키마이라가 되어 행할 수밖에 없습니다. 키마이라가 되어서 그곳에서 저절로 흘러나오는 스텝으로 춤춰 보일 수밖에 없습니다.

자신이 아닌 자가 되는 능력, 타자에 빙의하는 힘은 그러나 인간 안에 깊이 뿌리내리고 있습니다. 그때의 능력이 인간을 인간답게 만든다고 말할 만큼.

배움은 어리석을수록 좋다

외부와 하나가 되는 '목숨을 건 비약'

우리는 유아 시절 외부의 거울에 비친 자신의 모습과 자신을 동일화하면서 '자아'를 획득했습니다. 그것은 '목숨을 건 비약'이었을 것입니다.

이렇게 말할 수 있는 것은, 거울 속의 상은 분명 나의 외부에 있고 나와는 소원疏遠한 것이기 때문입니다.

그러나 거울을 바라보는 동안 유아는 그것이 '나'라는 확신을 갖게 됩니다. 아기는 여기에 비치는 거울 속의 상이 '나'라는 사실을 발견합니다. 왜 그것을 '자아의 편취'라 말하는가 하면, '거울 속의 상이 나 자신'이라고 확신하기 위해서는 사실 '목숨을 건 비약'이 필요하기 때문입니다.

자신이 어린 아기였을 때의 일을 상상해 보면 알 수 있습니다.

1미터 앞에 거울이 있습니다. 주변에는 거울 이외의 물건도 물론 있습니다. 어머니가 있고, 장난감이 놓여 있고, 앉은뱅이 밥상이 있습니다. 그것들은 모두 자기 외부에 있는 것으로 결코 자기 자신이 아닙니다.

유아라도 그것들이 '외부에 있는 것'임을 압니다. 거울에 비친 자신의 모습은 타자라는 점에서는, 그곳에 아무렇게나 놓여 있는 곰 인형과 다를 바가 없습니다. 그러나 유아가 거울을 보고 반복하여 손을 흔들고, 웃음을 짓고, 얼굴을 찌푸리는 가운데 '거울 속에 비친 것은 나'라는 직감이 찾아옵니다.

유아가 거울에 비친 모습의 얼굴 표정이나 몸짓으로 미루어 아무래도 나인 것 같다고 생각하는 것은 아닙니다. 원래 유아는 자신이 어떤 얼굴이고 어떤 체형인지 모릅니다. 눈으로 볼 수 있는 자신의 신체는 팔다리 일부와 가슴 아래쪽뿐입니다. 목 윗부분과 등 뒤쪽은 볼 수 없습니다.

유아는 거울을 보면서, 그 움직임을 흉내 냅니다. 어머니가 표정근을 어떻게 사용하는지 그 방법을 모방하여 자신의 표정근을 움직이며 '웃는' 동작을 학습하고, 그것이 어떠한 표정인지를 학습하듯, 거울에 비친 모습을 상대로 학습을 반복합니다. 우리는 감정이 앞서 있고 그것이 표정에 표출된다는 식으로 생각하기 십상이지만, 실제로는 타자의 표정근을 모방함으로써 타자의 표정을 제 것으로 만들고 그것에 동화하는 것입니다.

그런 식으로 거울에 비친 상의 운동을 모방하면서, 거울 속 상의 '내면'에 동화해 가는 동안에 어느 날 거울 속의 상과 나의 동화 밀도가 어느 역치閾値를 뛰어넘는 순간이 찾아옵니다. 그 순간에 거울 속의 상과 유아는 하나가 됩니다. 거울 속의 상과 유아가 '하나가 된 상태'를 '자아'라 부르는 것이지요.

자아는 '나'가 외부에 있는 타자를 자신이라고 착각하여 인정함으로써 성립합니다.

왜 착각하여 인정한다고 표현하는가 하면, 그곳에 있는 것이 거울이 아니라 유아의 움직임을 완전하게 흉내 내도록 설계된 곰 인형이었다면 유아는 '곰 인형으로서의 자아'를 획득할 것이기 때문입니다.

명상에 든다는 것

라캉은 이처럼 편취된 자아의 불안정성에 대하여 이렇게 말했습니다.

> 이 '자아'는 결코 개인에 의해서는 받아들여질 수 없는 것이고, 혹은
> 이렇게 말하는 것이 용납된다면 주체의 미래와 점근선漸近線적으로
> 밖에 합류할 수 없는 것이다.
> (…) 분명 '나'와 그 상 사이에는 수많은 호응관계가 있기 때문에 '나'
> 는 심적 항상성을 유지하고는 있지만, 그것은 인간이 자신을 내려
> 다보는 '유령'이나 '꼭두각시 인형'에 자기 투영하고 있기 때문이다.

자아란 '유령'이나 '꼭두각시 인형'으로 자기 투영한 효과로, 개인은 자아를 받아들일 수 없습니다. 그것과 같은 일을 상대와 마주 선 순간에 타자와의 사이에 불러올 것. 그것이 '키마이라적·복합적 신체 구성'이라는 것으로, 내가 말하려는 것입니다.

어린 시절에 한 번은 해낸 일입니다. 어른이 못할 이유는 없습니다.

안정타좌란 그처럼 신체 통제의 자리를 키마이라에게 떠넘긴 것입니다. '타자와 융합함으로써 여기에 키마이라적 신체가 형성되고 말았다. 이 복잡한 신체의 조작 방법을 '나'는 모르지만, 키마이라는 알고 있다. 이후의 일은 그에게 맡기자'고 권한을 위양하는 것입니다.

그 동화 과정을 나는 '안정타좌에 든다' 혹은 '명상에 든다'는 것이라 이해합니다.

키마이라는 단 한 번 나타난다

이 과정을 '서파급序破急(일본 가무극인 노의 구성방식으로, 시작·발달
·종결에 해당한다)'이라는 용어로 설명할 수 있습니다.

서序는 시작 동작입니다. 기술을 거는 자와 받는 자가 마주 설 때까
지, '기 맺음'과 단전이 맞춰질 때까지의 움직임에는 얼마간 '나의 심적
항상성'이 잔재해 있습니다. 이미 '흐름'은 생기지만, 흐름을 파악하거
나 흐름을 타는 동작은 다분히 '주체적'입니다.

그 흐름이 파破로 종지부를 찍습니다. '파'는 운동의 질적 전환점입
니다. 운동을 주도하는 페르소나(사람)가 다른 사람으로 바뀝니다. 이
제까지는 주체의 '심적 항상성'이 운동을 얼마간 이끌었지만, 동선과 단
전이 조율을 끝냈을 때 그때까지 그곳에 있던 주체는 감쪽같이 사라집
니다. 그 이후의 운동을 주도하는 것은 기술을 거는 자와 받는 자가 참
여하여 형성한 키마이라이기 때문입니다.

키마이라의 움직임이 급急입니다. 물리적으로 '빠른' 것을 의미하지
는 않습니다. 그러나 기술을 거는 자와 받는 자가 단독으로는 결코 달성
할 수 없는 '있을 수 없는' 궤적을 그리며 '그것'은 움직입니다. 따라서 인
간의 단독 동작을 서술하는 어휘와 문법으로는 '그것'을 기술할 수 없습
니다. 실제로는 3차원 상에서 전개되는 누구의 것도 아닌 동작을 끝내
고 키마이라가 해소된 이후가 되어 수행자는 '빠르다'는 2차원적인 표현

으로 상황을 억지로 주워 담습니다. 따라서 그것을 '급'이라 말합니다.

키마이라는 그때 한 번밖에 나타나지 않습니다. 기술을 걸고 받는 자가 동일 인물이라도 신체의 자세가 다르고, 대응 방식이 다르고, 운동 속도가 다르면 '같은 키마이라'는 나타나지 않습니다. 이것은 일기일회의, 그 순간에 태어났다 사라지는 일회성의 생명체인 것입니다.

따라서 어떤 '버릇'을 가진 것인지, 어떠한 '기능'을 갖춘 것인지, 어느 정도의 '성능'을 발휘할 수 있는 것인지 사전에는 알 수 없습니다. 모든 것이 끝난 뒤에 그 같은 일회성의 생명체로 한순간을 살았던 경험을 소급적으로 회상할 수 있을 뿐입니다. '그것'과는 두 번 다시 만날 수 없는 것이지요.

이상, 명상과 신체에 대하여 일개 합기도인으로서 현재의 수행 단계에서 이해한 것을 이야기했습니다.

아직 나의 신체 운용 진도는 낮아서 명상에 대해서도 충분한 경험을 쌓았다고 할 수 없습니다. 그러나 여기에 이야기한 것 중에는 나의 또 다른 연구 분야인 철학에서 주제로 삼는 '타자론', '시간론'과 깊이 연관된 의견이 다수 포함되어 있습니다.

이번에는 이것을 '나와 적' 그리고 '기'의 문제로서, 키마이라적 · 복합적 협동신체의 운동이라는 무도적인 틀 속에서 고찰했는데, 기회가 있다면 철학적인 틀 안에서 이 문제를 고찰해 보고 싶습니다.

배움은 어리석을수록 좋다

신앙과 수업,
살아 움직이는
몸에서
꽃피우라

레비나스와
합기도

지난 23년간 고베여학원이라는 기독교 대학에서 교사로 있었습니다.

그때까지 거의 기독교와 접해 본 적이 없었지만, 재직 중에는 채플린(학교에 소속된 목사)과 환담을 나누기도 세례에 참여하기도 하고, 때로는 《성서》에 대하여 논하기도 했지요. 유대교 철학을 전공한 탓에 비록 기독교 신자는 아니었지만 《성서》라면 학생 시절부터 여러 차례 읽었습니다.

내가 연구해 온 것은 프랑스 유대인 철학자 에마뉘엘 레비나스입니다. 그는 리투아니아에서 태어나 프랑스와 독일에서 철학을 공부하였고, 참혹한 홀로코스트에서 살아남아 탈무드 해석학을 알게 됩니다. 그리고 그 지식으로 붕괴 직전이던 프랑스 유대인 공동체의 정신적 지도

자가 된 인물이지요.

나는 어떤 계기로 이 철학자를 나의 스승으로 모시겠다고 결심했습니다. 그리고 그의 사상을 이해하기 위해 노력하는 가운데 일신교 신앙의 기본적인 사고방식을 배웠습니다.

한편으로 나는 지난 40여 년간 합기도라는 무도를 수련해 오기도 했지요. 도쿄에 있을 무렵에는 다다 히로시 선생님의 문하생으로 수련하고, 고베에서는 대학에 합기도부를 창설하기도 했습니다. 지금은 퇴직하여 개풍관이라는 건물을 짓고 1층은 도장, 2층은 자택으로 꾸며놓고 수련에 몰두하고 있습니다.

불문과 대학원생 시절에는 낮에는 레비나스의 책을 번역하고 저녁에는 합기도 수련을 하는, 판에 박은 듯 반복되는 생활을 10여 년간 이어 왔습니다.

이때는 유대교 철학과 무도 사이에 어떤 내적인 연결이 있는지 좀처럼 이해하지 못했지요. 교수님들은 '그럴 시간이 있다면 좀 더 연구에 매진하라'며 꾸중하시곤 했습니다.

그러나 멈출 수 없었습니다. 나 자신이 지적으로 탐구하는 것과 신체가 감각적으로 탐구하는 것이 '같다'는 직감이 마음 어딘가에 있었기 때문이지요. 단지 어떤 식으로 같은지 그때에는 아직 말로 표현할 수 없었습니다.

평범한 공립학교에서 기독교 학교로 옮겨오고, 무도가로서 그곳이 매우 안락하게 느껴졌습니다. 윌리엄 메렐 보리스(일본에서 활동한 미국 출신 개신교 선교사, 건축가, 기업가)가 설계한 중후한 벽돌건물에서 생활하고, 아침저녁으로 파이프오르간이나 찬송가 음악에 흠뻑 젖어 지냈던 것과도 깊은 연관성이 있을 것입니다.

보이지 않는 것을
기다리는 마음

나의 스승인 다다 선생님은 오랫동안 이탈리아에서 합기도를 지도하셨는데, '합기도는 이탈리아 사람에게 가르칠 때가 훨씬 쉬웠다. 그들은 신앙을 갖고 있어서 눈에 보이지 않는 것, 귀에 들리지 않는 것이 이 세상에 존재한다는 것을 곧이곧대로 믿는다. 일본인은 그 점에서 훨씬 완고하다'고 늘 말씀하셨지요. 나는 그 말이 내내 기억에 남아 있었습니다.

무도 수련도 초보 적에는 단순히 운동하듯이 팔다리를 움직일 뿐입니다. 물론 그것만으로도 충분히 즐겁지요. 그러나 이윽고 신체 감각이 예민해지면 수치적·외형적으로는 헤아릴 수 없는 신호를 차츰 감지할 수 있게 됩니다. '낌새'나 '마음이 동하는' 것을 알게 되고, 여기서 좀 더 수련이 진행되면 '기機'라는 것을 알게 됩니다.

배움은 어리석을수록 좋다

'기'라는 것은 '석화지기'나 '줄탁지기'(1장, 2장에서 이미 설명했습니다)라는 말로 알 수 있듯이 입력과 출력이 동시에 일어나는 것을 말합니다.

오른손과 왼손이 마주쳐 소리를 낼 때에 오른손이 왼손을 찾거나 왼손이 오른손을 막는 일은 일어나지 않습니다. 오른손과 왼손은 서로 한 치의 주저 없이 곧장 만날 지점을 향하여 나아갑니다.

무도에서의 찌르기 동작과 받아치는 동작에도 이와 같은 일이 일어나지요. 이것은 반응 속도가 빠르다거나 눈썰미가 좋다거나 선수先手를 잡는다거나 하는 것과는 전혀 다른 차원의 이야기입니다. 외부와 내면, 대상과 주체라고 이원론적으로 생각되던 것이 무효가 되는 움직임이 있다는 것이지요.

우리는 보통 '여기까지는 현실이고, 여기부터는(예를 들어, 꿈이나 환각) 현실이 아니'라며 수치적인 경계선을 지키면 살아가고 있습니다. 그리고 내 신체는 제어할 수 있지만, 타자의 신체나 마음은 원격 제어할 수 없다고 믿습니다.

그러나 무도에서 어느 정도의 수련 단계를 밟으면 그런 인습적인 안팎이나 주객의 경계가 차츰 애매해집니다. 자타의 경계를 넘어 '드나들' 수 있게 되지요. 이 같은 '경계선이 애매해지는 감각'은 신앙과 깊은 관련이 있습니다. 다다 선생님은 아마도 그 점을 지적하신 것이라 생각합니다.

눈에 보이지 않는 것, 귀에 들리지 않는 것, 그럼에도 사실적으로 예리하게 다가오는 것이 있다는 실감 위에 신앙은 뿌리내리고 있습니다. 인간의 오감으로 감지할 수 있는 것만이 존재하는 모든 것이고, 감지할 수 없는 것은 존재하지 않는다는 식의 판단 위에 종교는 절대로 성립할 수 없지요. 모든 신앙의 근간에는 이 '감지할 수 없는 것의 선명함'을 실감하는 경험이 존재합니다.

신년이면 신앙심이라고는 눈곱만큼도 찾아볼 수 없는 사람들이 마음을 모아 합장하는 광경을 봅니다. 아마도 그들은 마음속으로 '가내평안'이나 '학업성취'라는 실리적인 소망을 빌고 있을 테지요.

그러나 그들을 보고 있자면, 말없이 기도를 올리며 마음속으로 자신의 바람을 읊조리는 데 필요 이상의 시간을 들이고 있다는 것을 알 수 있습니다. 대체 뭘 하고 있는 것일까요?

그들은 마치 무언가가 찾아오기를 기다리고 있는 것처럼 보이기도 합니다. 숨죽여 귀를 기울이고, 피부 감각을 예민하게 하고 '자신의 가슴을 향해 찾아올 메시지'가 어디서 오는 건 아닌지 기다립니다.

그런 참배를 이제껏 몇백 번, 몇천 번이나 반복하고, 과거에 단 한 번도 '메시지'를 받아 본 적이 없지만, 우리는 기도할 때마다 '귀 기울이고 기다리는' 태도를 갖지 않을 수 없습니다. 이렇듯 '무언가가 오기를 기다리는' 마음가짐 없이 우리는 '기도'할 수 없습니다.

배움은 어리석을수록 좋다

나를 사로잡은
레비나스의
변신론

레비나스는 세계대전에 징병되었다가 포로로 잡혀 수용소에서 종전까지 수감되어 있었습니다. 전쟁이 끝난 뒤 리투아니아에 있던 친척 대부분은 아우슈비츠에서 죽음을 맞이한 상태였습니다. 그가 귀화한 제2의 조국 프랑스의 유대인 공동체는 붕괴 직전에 있었습니다.

젊은 유대인들은 할아버지 아버지 적부터 전해 온 신앙에서 등을 돌렸습니다. 그들은 이렇게 말했지요. "만약 신이 존재한다면, 어째서 신은 그가 선택한 백성이 600만 명이나 학살당하는 것을 보고만 있었는가? 어째서 어떤 기적적인 개입도 하지 않았는가? 신자를 버린 신을 우리는 왜 여전히 믿어야만 하는가?"라고요.

레비나스는 그런 사람들을 향해 이렇게 말합니다.

"그렇다면 묻겠다. 당신들은 이제까지 어떤 신을 믿어 왔는가? 선행하는 자에게 상을 주고, 악행을 하는 자에게는 벌을 내리는 '권선징악의 신'인가? 그렇다면 당신들이 믿고 있었던 것은 '유아의 신'이다.

권선징악의 신이 완전히 지배하는 세계에서는 선행은 상을 받고, 악한 일은 곧 처벌받을 것이다. 그러나 신이 모든 인간사에 기적적으로 개입하는 세계에서 인간은 달성해야 할 어떠한 것도 없어진다.

비록 눈앞에서 어떤 악한 일이 벌어지고 있어도 우리는 팔짱을 낀 채 신이 개입하기만을 기다리면 된다. 신이 모든 것을 대행해 주기에 우리는 부정으로 고통 받는 사람이 있어도 꺼림칙하게 생각하지 않고 약자를 도울 의무도 면제받는다. 왜냐하면, 그것들은 모두 신의 일이기 때문이다. 당신들은 그처럼 인간을 영원히 유아인 채로 머물게 하는 신을 갈구하고 믿고 있었던 것인가?"

홀로코스트는 인간이 인간에게 저지른 악입니다. 인간이 인간에게 저지른 죄의 대가나 치유는 신이 해야 할 일이 아니지요. 신이라는 이름에 어울리는 존재라면, 신의 도움 없이 이 지상에 정의롭고 자애로운 세계를 일으켜 세울 인간을 창조할 것입니다. 우리 자신의 힘으로 세계를 인간적인 곳으로 바꿀 수 있는 높은 지성과 덕성을 갖춘 인간을 신은 창조했을 게 분명합니다. 《곤란한 자유》에서 레비나스는 이렇게 말했습니다.

'유일신에게 이르는 여정에는 신 없는 역참이 있다.'

배움은 어리석을수록 좋다

'신 없는 역참'을 걷는 자의 고독과 결단이 신앙의 주체성을 이루는 근간이 됩니다. 이 자유로운 신앙인을 레비나스는 '주체' 혹은 '성인'이라 이름 붙였지요.

질서 없는 세계, 즉 선이 승리할 수 없는 세계에서 희생자의 위치에 있는 것, 그것이 수난이다. 그 같은 수난이 구원을 위해 나타나야 할 것을 체념하고 모든 책임을 온몸으로 받아들이는, 인간의 완전한 성숙을 원하는 신이 있음을 보여 준다.
《곤란한 자유》, 에마뉘엘 레비나스 저

레비나스는 이 준엄한 논리를 내세워 전쟁 후 붕괴되어 가던 프랑스 유대인 공동체를 재건했습니다. 20대이던 나는 레비나스의 이 복잡한 변신론에 강하게 매료당했지요. 신앙의 토대가 되는 것은 '시민적 성숙'이라는 말을 그때까지 어느 종교가로부터도 들어본 적 없었기 때문입니다.

희미한 신호를
감지하려는
노력

한편으로 나는 무도 수련을 통하여 '농밀한 실재감을 갖는 비현실'의 예리함을 몸으로 반복하여 실감해 왔습니다. 나는 이 감각의 통제법을 교수가 된 이후에 체계적으로 배웠습니다.

　이것을 '신비주의'로 분류하는 사람도 있을지 모르지만, 비현실적인 것을 사실적으로 감지하는 경험은 특별히 신비한 것이 아닙니다. 어느 주파수의 공기 파동은 사람의 귀에는 들리지 않지만, 개에게는 들립니다. 때때로 개가 듣는 파동을 감지하는 사람에게 '당신은 신비로운 체험을 했다'고 말하는 것도, 사람에게 들릴 리 없다고 단정하는 것도, 아무리 생각해 봐도 현명한 태도라고는 할 수 없습니다.

　일단 '그런 일이 있을지도 모른다'는 태도로 수용하고, 어떤 조건이

　　　　　　　　　　　　배움은 어리석을수록 좋다

갖춰지면 '그런 일'이 일어나는지를 성심을 다해 따져 가는 것이 과학적인 태도라 생각합니다.

실제로 세상에서 '신비하다'고 말하는 경험 대부분은, 정확도가 낮은 계측 기기로는 감지할 수 없는 양적 변화이지요. 계측 기기의 정밀도가 높으면 누구든 관찰할 수 있습니다.

따라서 종교 의례나 무도 기법은 대개의 경우, 신체라는 계측 기기의 정밀도를 높이는 매우 실제적인 요구에 따라서 조직화되어 있지요.

무도뿐 아니라, 내가 배우고 있는 노가쿠(일본 고전 가무극)도 역시 그러합니다.

오랜 세월 연습하다 보니, 노가쿠 무대와 공간은 그곳에서 펼쳐지는 효과적인 연기 동작이나 소리에 따라 미묘하게 뒤틀리거나 휘어지고, 늘어나거나 줄어들고, 열을 띠거나 냉정해지고, 점도가 높아지거나 낮아지는 게 피부 감각으로 느껴졌지요. 반주음악과 노랫말이 무대 위 주인공에게 선명한 동선을 제시하고 있다는 것을 비로소 이해하게 되었습니다.

그 제시에 따르면 유일무이의 동선 위에서 '더 이상 있을 수 없는' 동작을 하기에 이릅니다.

이때 주인공은 특별히 어떤 신비체험을 하는 건 아닙니다. 그러한 것을 '이해하기' 위한 체계적인 수련을 해온 결과로서 누릴 수 있는 것에 지나지 않습니다.

생각지 못한 곳으로 통하는 문

유감스러운 일이지만, 우리가 사는 현대 사회에서는 공간을 오가는 무수한 신호를 감지하고 그것에 대응하는 최적의 행동을 하기 위한 수업이 얼마나 우리 자신에게 필요한 것인지 느끼는 사람이 지극히 적습니다. 그래도 심신의 계측 정도를 높이는 방법은 무수하여 미처 깨닫지 못하는 사이에 저절로 신호에 대한 감수성이 높아지기도 합니다.

앞에서도 언급한 보리스는 선교사이기도 하여 그가 설계한 건물은 당연히 '신앙으로 인도하는' 장치이기도 합니다. 건물을 실제로 보면 잘 알 수 있는데, 보리스의 건물에는 무수한 어둠이 존재합니다. 생각지 못한 곳에 감춰진 문이 있고, 숨겨진 계단이 있고, 비밀의 방이 있지요. 각각의 방 구조는 제각각 다릅니다.

호기심에 이끌려 문고리를 돌려 낯선 공간에 발을 들여놓은 학생은 그 탐구 과정 끝에 반드시 '생각지 못한 곳으로 통하는 문'이나 '생각지 못한 경관을 향해 열려 있는 창'을 발견하게 되지요.

그 점에서 보리스는 매우 철저합니다. 호기심을 갖고 스스로 결단한 뒤에 문을 열고 계단을 오른 자는 '생각지 못한 곳으로 통하는 문'이나 '그곳 외의 어떤 곳에서도 볼 수 없는 경관'이라는 보상을 반드시 받게 됩니다. 신앙으로 이끄는 유혹과 배움의 비유로서 이토록 교화적인 건축물은 없습니다.

배움은 어리석을수록 좋다

보리스의 건축물은 계측 장치의 정밀도를 높이기 위한 자극으로서 매우 훌륭합니다. 나 자신도 그 건물 안에서 오랜 시간을 보냈는데, 그 것이 무도가로서의 감각 형성과 무관하지 않다고 생각합니다.

신체기법을 수업할 때 '나의 신체에 이런 부위가 있었고, 이런 움직임이 가능하구나' 하는, 놀라움으로 가득한 발견이 반복하여 찾아옵니다. 발견한 부위나 그 제어법은 수업하기 전에는 결코 예견되지 않는 것이지요. 본디 그 같은 신체 부위가 있다는 것조차 알지 못한 채 수업하고, 그러는 가운데 획득하는 신체 제어기법이기 때문입니다. 그것을 단련하거나 강화시키는 것은 애당초 불가능한 일이지요.

'그런 일'이 인간에게 가능하리라고는 생각지도 못했는데, 자신이 할 수 있게 되었다는 게 수업의 타당한 이치입니다. 따라서 수업에 앞서서 '도달 목표'로 지정한 것은 수업 도중 반드시 포기하게 되지요. 원래 수업이란, 그런 데서 나올 것이라고는 생각지도 못한 곳에서 나오고 마는 그런 것입니다.

웬일인지 이런 접근을 현대 사회는 '비과학적'이라며 꺼립니다. 그래서 어떤 결과가 나올지 모르는 연구에 연구비를 지원하지 않습니다. 수업적 접근의 유효성을 믿지 못한 데서 만들어진 이런 시스템은 최근 일본의 학술적 생산성을 급격히 저하시킨 한 가지 요인으로 볼 수 있을 것입니다.

예배당을
청소하는 의미

이번 장은 현대 신앙공동체에 대하여 생각해 보자는 의뢰를 받고 쓰기 시작한 글인데, 예비적인 고찰만으로 이미 상당한 지면을 차지하고 말았습니다. 조금 이른 시점이지만 논점을 정리해 보지요.

신앙을 안정적인 토대 위에 세우기 위해서는 성숙과 수업, 이 두 가지가 필요하다는 것이 나의 경험적인 생각입니다. 그것은 어느 종교든 다르지 않지요.

현대 일본의 신앙공동체가 그 구성원들의 영적 성숙과 실효적인 수업 시스템을 균형적으로 갖추고 있는지 나로서는 알 수 없습니다.

물론 어느 신앙공동체든 각각의 방식으로 교리 학습과 의례 실습을 하고 있습니다. 그러나 영적인 의미에서 어른이 되는 것과, 희미한 신

배움은 어리석을수록 좋다

호를 감지하고 적절히 대응하는 능력을 함양하는 것을 위해 효과적인 프로그램을 갖추고 있는지는 모르겠습니다.

이전 기독교 학교 교육동맹에 초대되어 강연했을 때, 의장님으로부터 기독교 학교에서 할 수 있는 일상적인 종교 교육법에 대한 힌트를 요청받은 적이 있습니다. 그때 나는 '예배당을 청소시키는 게 어떨까요?'라고 답했습니다. 기도하는 장소를 청결하게 유지하는 것이 종교 실천의 기초 중 기초라 생각했기 때문이지요.

당연한 일이지만, 우리는 지저분한 장소에서는 기도할 수 없습니다. 기도라는 것은 어렴풋한 신호를 들으려는 자세입니다. 기도하기 위해서는 오감의 감도를 최대한으로 높이지 않으면 안 됩니다.

그러나 더럽고 시끄럽고 악취가 나는 장소에서 우리는 오감을 예민하게 만들 수 없습니다. 감각의 정밀도를 높임으로써 불쾌함이 증대되는 환경에서 우리는 '기도하는' 태도를 가질 수 없습니다.

따라서 당연히 부정을 없애고 정화하는 것이 종교적 행위의 가장 기본이라 할 수 있습니다. 신앙의 기원적인 형태가 오감의 한계를 초월해 신호를 감지하는 경험인 이상, 기도하는 곳은 그 신앙 발생의 원풍경을 반복하여 재연하는 것이어야만 합니다.

그를 위해서 무엇보다 인간은 자극이 적은 환경으로 정비할 필요가 있습니다. 그래야 오감의 감수성을 극대화시켜 한계를 극복할 때까지 정밀도를 높일 수 있기 때문입니다.

예배당을 청소하는 것은 학생들에게 기도한다는 것이 어떤 것인지를 신체적으로 실감하게 하는 매우 유용한 방법일 것입니다. '기도'라는 것을 신체적으로 실감하지 못한 사람에게 종교의 의미를 이해시킬 수는 없습니다.

도장을 원했던 이유

무도 도장에서 이뤄지는 것도 역시 이와 같습니다.

수련 전 나는 도장을 정갈하게 쓸고 깨끗이 닦고, 수련이 끝나면 도장을 다시 성심껏 청소하고 창과 문을 닫고 나섭니다. 도장은 훈련 외의 용도로는 사용하지 않습니다. 하루 걸러 도장 문을 열면 서늘한, 입자가 고운 공기가 살갗에 닿습니다. 그것은 예배당 문을 열 때 느끼는 피부 감각과 참으로 비슷합니다.

내가 나의 도장을 간절히 원했던 이유는 공공시설인 체육관의 무도장이 너무 청결하지 않았기 때문입니다. 내가 들어가면 직전까지 사용한 단체가 어질러 놓은 상태 그대로 방치되어 있을 때도 있었습니다. 빗자루로 쓸고 걸레로 닦아도 바닥의 더러움이나 작은 먼지까지 닦아낼 수 없었습니다.

바닥이 충분히 정갈하지 않으면 신체는 미묘하게 방어적 자세를 취

배움은 어리석을수록 좋다

합니다. 더러운 바닥 위를 맨발로 걸을 때 우리가 알아차리지 못하는 사이에 바닥과의 접촉면을 최소한으로 줄이기 위해 발바닥을 오므리고 걷게 되지요. 악취가 나면 콧구멍을 수축시킵니다. 옆방에서 시끄러운 음악소리가 들려오면 귀를 막습니다(실제로 시립 무도장을 빌렸을 때 옆방에서 댄스교실이 한창 열리고 있어 쉬지 않고 큰 음량의 음악이 들려왔지요).

환경 자체가 오감의 감도를 낮춰 입력에 대해 둔감해질 수밖에 없는 장소에서 무도 훈련을 하기란 본질적으로 어려움이 있습니다. 신자가 '기도'하기 위한 장소를 만들려고 할 때에 갖춰야 하는 조건은 '정갈함과 정숙'입니다. 무도 수련의 경우도 이들 조건이 갖춰져야 합니다.

성숙해진다는 것

마지막으로, 개인적인 것을 적어 보지요.

20대 때 내가 레비나스의 철학과 합기도 수련 사이에 '동질감'을 느끼면서도 그 내재적인 연관을 말로 할 수 없었다고 앞에서도 썼는데, 40년을 늘 같은 생활을 반복하자니 조금은 알게 된 것이 있습니다.

그것은 양쪽 다 인간의 살아 있는 신체 감각 위에 구축된 체계라는 점입니다.

레비나스의 변신론은 얼핏 보면 철저하게 이지적인 구축물로 탁상에서 사변적으로 엮어 낸 것처럼 보이지만, 그것이 '유아'와 '성인'이라는 인간의 생물학적인 성숙 과정을 근간으로 구상된 것이라는 점을 간과해서는 안 됩니다.

성숙을 이뤄 낸 인간밖에 '성숙하다'는 말의 의미를 이해하지 못합니다. 유아가 사전에 '앞으로 이 같은 능력이나 자질을 개발하여 어른이되자'는 계획을 세우고, 그렇게 제시한 로드맵을 토대로 하여 어른을 목표로 자기 형성을 달성하는 일은 있을 수 없습니다.

유아는 '어른'이라는 것이 어떤 것인지 모르기 때문에 유아이고, 어른은 '어른이 된 이후'에 어른이 된다는 게 이런 것임을 사후적·회고적으로 깨닫기에 어른인 것이지요. 성숙해진 뒤에 비로소 자신이 밟아 온행적이 어떤 의미를 가지는 것인지를 이해할 수 있습니다. 그것이 성숙이라는 역동적인 과정이지요.

그리고 성숙을 이뤄 냈다고 하는, 성숙의 생생한 실감을 최종적으로 담보하는 것은 이지와 개념이 아니라, 살아 있는 신체입니다. 유아적에는 보이지 않던 것이 보이고, 들리지 않았던 것이 들리고, 판별할수 없던 향기나 맛을 알게 되고, 과거에는 감지할 수 없었던 타자의 감정 변화를 예민하게 이해합니다. 그것이 성숙이라는 것이지요.

성숙이란 철저히 신체적인 경험입니다.

그리고 레비나스는 영적 성숙을 달성한 자만이 진정한 의미에서의신앙을 짊어질 수 있다고 말했습니다. 바꿔 말하면, 자신의 살아 있는신체에 확고히 뿌리내린 자만이 신앙을 가질 수 있다는 것이지요.

인간의 육신에서만 꽃을 피운다

20세기 전쟁과 숙청, 강제수용소의 역사적 경험에서 레비나스가 배운 단 한 가지는, 악이란 '인간적인 규모를 넘는다'는 것이었습니다.

온갖 비인간적인 행위는 인간적인 규모를 초월하여 진정으로 인간적인 사회나 인간적인 가치를 만들려 하는 사람들에 의해서 자행되었습니다. 자신의 육신이 닿는 범위에 '정의'나 '공정'을 이루기보다는 자신이 가본 적도 없는 장소, 만난 적도 없는 사람들, 살아 본 적도 없는 시대로 확대시켜 '정의'나 '공정'을 실현하려던 사람들은 거의 예외 없이 세계를 인간적인 것으로 만드는 사업 가운데 비인간적 수단(억압이나 추방, 숙청)을 용인했던 것입니다.

거대한 규모의 선을 이루기 위해서는 작은 악쯤은 범해도 된다는 사고방식이지요. 과거 레비나스는 인간적 규모를 초월한 정의의 실천에 대하여 이렇게 말한 적이 있습니다.

개인적인 자애 없이도 우리는 해나갈 수 있다고 생각하는 사람이 있다. 자비의 실천에는 개인적인 창의가 필요하건만, 그런 것은 없어도 된다고 말이다. 매번 개인적인 자비나 사랑의 행위를 통해서밖에 실현할 수 없는 것을, 법률에 의해 영속적이고 확실한 것으로 만들 수 있다고 생각하는 것, 그것이 스탈린주의다. 스탈린주의는

배움은 어리석을수록 좋다

옳은 의도에서 출발했지만 관리의 폭력 가운데 붕괴하고 말았다.

개인적인 관계에 의지하지 않고 제도로서 정의와 자애를 실천하는 사회 시스템, 그것은 당시 모든 권력자를 사로잡은 몽상이지요.

그러나 역사상 단 한 번도 살아 있는 육신을 가진 인간이 관여하지 않고 비인칭적·관료적인 정의와 자애가 실현된 적은 없습니다. 그것은 정의와 자애는 본질적으로 궁합이 나쁘기 때문이지요.

악을 근절하려는 지나친 정의감을 가진 사람은 인간의 유약함이나 어리석음에 대하여 필요 이상으로 무자비합니다. 반대로, 자애가 지나친 사람이 잔악한 인간을 무원칙적으로 용서해 버린다면 사회 질서는 비걱거리며 흔들리게 되지요.

사회가 충분히 정의로우면서도 온화한 감촉을 갖기 위해서는 인간의 살아 있는 몸뚱이가 필요한 것이지요. 정의가 과도하게 공격적이 되지 않도록, 자애가 지나치게 방탕하지 않도록 균형을 잡을 수 있는 건 오직 살아 있는 육신의 인간뿐입니다.

그런 섬세한 보태기와 빼기가 가능한 것은 신체를 가진 개인밖에 없습니다. 법률이나 규칙에 의해 영속적으로 정의와 자애의 균형을 유지할 수는 없는 것이지요.

지금 자신이 있는 세계가 충분히 공정하고 그리고 충분히 자애로 가득한 세계가 아니라면, 어느 쪽 요소가 얼마나 부족한지, 무엇을 어떻게 추가하고 무엇을 억제하면 좋은지, 그 같은 판단은 인간의 피부 감각에 맡길 수밖에 없습니다. 그것을 판정할 수 있는 신체를 가지는 것, 그것이 영적인 성숙이라고 레비나스는 생각했던 것입니다.

신앙이 뿌리내리고 개화하는 것은 인간의 살아 있는 신체이고, 신앙이 목표로 하는 것은 영적인 성숙이라는 것을 레비나스의 소중한 가르침으로 깨달았을 때 비로소 레비나스 철학과 무도 수업 사이의 본질적인 동일성을 말로 표현할 수 있는 정경이 보였습니다.

자그마한 입구에 지나지 않지만, 그곳에 다다르는 데 나는 30년이 넘는 시간이 필요했던 것이지요.

세상에서 가장 약한
무도가가 살아가는 힘

마지막까지 읽어 주셔서 감사합니다.

그다지 읽기 쉬운 내용은 아니었다고 생각합니다. 씹으면 씹을수록 감칠맛이 나는 '말린 오징어' 같은 책이 되기를 원하기에, 앞으로도 이 책을 곁에 두고 때때로 '그것은 이걸 말하는 걸까?' 하는 생각이 들 때마다 다시 책을 펼쳐 읽어 보길 바랍니다.

이 책의 구성에 대하여 대략적으로 설명해 보지요.

1장 무도와 수업(원제 '수업론 – 합기도에 대한 나의 생각')은 합기도 전문지 〈합기도 탐구〉(공익재단법인 합기회, 합기도 본부도장 발행)에 약 2년에 걸쳐 연재했던 내용입니다.

다다주쿠 도장 동문인 이리에 요시노부入江嘉信 본부지도부 사범이 기고를 의뢰하여 감사한 마음으로 흔쾌히 수락했었지요.

모처럼 합기도 전문지에 글을 싣는 것이기에 '다른 사람이 쓸 수 없는 것'을 쓰고 싶었습니다. 내가 합기도인으로서 타인과 다른 점은 무엇일까? 이것만큼은 누구에게도 지지 않는다며 가슴 펴고 말할 수 있는 것은 무엇일까? 그런 자기반성 결과, '약함'이라는 결론에 다다랐습니다.

'약한 무도가'라는 점에서는 일단 누구에게도 뒤지지 않습니다. 불초소생 우치다, 만천하에 이렇게 공언하는 데 꺼릴 것이 없습니다.

단지 여기서 말하는 '약하다'는 것은 평소 우리가 사용하는 의미와는 다르기에 섣부르게 판단하지 말아 주십시오. 나는 인습적인 의미에서는 그리 약하지 않습니다(물론 강하지도 않지요). 아이에게 떠밀려 넘어져 울 정도로 약하다면 이렇듯 도장을 열어 문하생을 가르칠 수 없으니 약하지는 않습니다.

그래도, 약합니다. 어디가 약한가 하면 '싫은 것에 견디지 못한다'는 점입니다. '이 사람에게는 이길 수 없다'고 내가 진심으로 생각한 경우는 이제껏 단 두 사람밖에 없었습니다(실명을 거론하면 좀 애로사항이 있어 여기서는 밝힐 수 없지만, 알고 싶으신 분은 개인적으로 은밀히 물어보시길 바랍니다).

나의 경우, 조금이라도 내키지 않는 일을 참으면 발열, 맥박수 상승, 손발 떨림 같은 증상이 나타납니다. 이 같은 증세에도 불구하고 좀 더 참으면 발진까지 나타납니다. 머리로는 '여기서는 참자'고 해도 몸이 나의 말을 들어주지 않습니다. 싫은 일을 참으면 생명력이 줄어 수명이 짧아질 게 분명하지요.

평소 뭔가를 참는 일은 '장기적으로 여기서 참는 게 이득'이라는 철저한 계산이 앞선 행동이지만, 나의 경우는 '참으면 수명이 줄기에' 아무리 생각해도 참는 건 손해입니다.

'싫은 일을 참지 못하는 자질'을 기반으로 하여 나는 약 40년간 합기도 수련을 이어 왔습니다. 너무도 약하기 때문에 '싫은 것'이 일어나기 훨씬 전부터 그 기척을 알아차리고 '싫은 일'과 맞닥뜨리지 않도록 이런저런 궁리를 해왔습니다. 그 덕에 '저쪽으로 가면 싫은 일과 조우할 것 같다'는 예견 능력에 있어서는 매우 예민해졌습니다.

어느 날 합기도 스승인 다다 히로시 선생님으로부터 '옛날 사무라이는 일이 없을 때는 밖에 나다니지 않았다'는 이야기를 들었습니다. 참으로 좋은 말씀이라는 생각에 절로 무릎을 쳤습니다. 그때부터는 웬만한 용무가 아닌 한 거의 집에서 나오지 않았습니다.

산책이라는 것도 하지 않았지요. '문득 바다가 보고 싶다'며 드라이브를 하는 일도 없었고, 낯선 거리를 걷다 마음에 드는 바에 들어가 한 잔하는 일도 하지 않았습니다.

그토록 주의하는데도 때로는 주정뱅이로 전락하고 만원전차에서 남의 발을 밟고는 매서운 눈초리를 받는 불운을 완전히 피할 수는 없었습니다. 그러나 그런 때도 전광석화와 같은 속도로 '미안합니다'라고 사죄합니다.

사죄할 때까지의 반응속도는 빠릅니다. 그야말로 '초스피드'라 말할 만큼. 상대방이 자신의 몸에 무슨 일이 일어났는지 알아차리기도 전에 사과해 버리는 것이 나의 '사죄 기술'의 주안점입니다.

이 반응속도의 빠르기를 맨몸으로 싸우는 무술에 응용한다면 어떨까요? 이것이 내가 합기도에 있어 고민하는 방향이었지요. 그 상세한 내용에 대해서는 본문에서 찾아보시길 바랍니다.

계간지에 연재한 까닭에 매호의 간격이 길어져 '앞장까지의 줄거리'를 반복한 탓에 이야기가 좀 장황했지만, 쉽게 이해할 수 있다는 장점도 있기에 모쪼록 장황한 부분에 대해서는 용서해 주길 바랍니다.

2장 명상과 수업(원제 '신체와 명상')은 〈산가 제팬〉이라는 불교계 잡지의 명상특집(왜 지금 명상인가)에 기고한 글입니다(가을호, 2012년 9월 발행). 샤쿠 텟슈釈徹宗(일본 승려로 종교학자) 선생님과의 공동작업으로 불교 관련 대담집을 여러 권 출간한 적이 있는데 그 일이 계기가 되어서 종교계 매체로부터 기고 의뢰가 이어지고 있습니다.

불교뿐 아니라 기독교계 미디어를 통해서도 여러 가지 글을 발표했습니다. 《복음과 세계》(신교출판사)라는 기독교계 학술출판사에서 발행하는 출판물에 기고한 것이 3장에 수록된 신앙과 수업(원제 '현대에 있어 신앙과 수업')입니다(2013년 6월호). 일신교 신앙과 무도 수업의 본질적인 관계에 대해서 쓴 것은 이것이 처음이지요.

본문에서도 말했듯 나는 25세부터 다다 히로시 선생님을 스승으로 모시고 합기도 수련을 해오는 한편, 30대 초부터 에마뉘엘 레비나스라는 유대인 철학자를 '마음의 스승'으로 모시고 그의 사상을 연구하고 널리 알리는 데 힘써 왔습니다. 두 사람이 나의 무도와 철학, 두 길에 있어 스승인 것입니다.

그러나 합기도와 유대교 철학 사이에 대체 어떤 내재적인 연결이 있는지, 그것을 좀처럼 말로 표현할 수 없었습니다. 하지만 한 인간이 동시기에 몰입하여 파고들었기 때문에 별개의 것일 리 없습니다. 레비나스 선생님과 다다 선생님은 아마 같은 것을 각자 다른 말로 이야기했을 것이 틀림없습니다. 그것을 직감적으로 확신할 수 있었지요. 그러나 도저히 말로 설명할 수는 없었습니다.

결국 30년 이상의 세월이 지나서 드디어 조금씩 말로 표현할 수 있게 되었습니다. 그 키워드는 피가 흐르는 '신체'라는 것입니다.

지금 생각해 보면 내가 수많은 프랑스 철학자 중에서 한 치의 주저함 없이 레비나스를 스승으로 선택한 것은 그가 20세기 철학자 중에서 지극히 '신체적인' 사람이었기 때문입니다.

그런 생각에 다시금 돌이켜보니, 합기도는 수많은 무도 가운데서도 지극히 '예지적'인 무술입니다.

'예지적인 무도'와 '신체적인 철학'이 나 개인의 '신체'를 통해서 어떤 화학반응을 일으킨 것입니다. 그것이 그대로 나의 인생이 되어 내가 출간하는 저서의 핵심을 이루고 있습니다.

서둘러 결론을 내렸지만, 조금 까다로운 이야기라 여기까지 읽고도 '과연 그렇다'며 무릎을 치는 독자는 그리 많지 않을 테지요. 본문 중에도 다양한 방법으로 이 같은 내용을 담았습니다.

이상의 3장을, 각기 다른 독자를 상정하여 썼기에 꽤 문체도 다른 수업론을 이 한 권의 책에 담게 되었습니다.

　보통 총서는 한 가지 주제로 단숨에 써내려가는 패스트푸드적인 스타일을 취하는데, 이 책은 굳이 말하자면 다양한 반찬이 담긴 도시락 같은 총서가 되고 말았습니다. 그래서 다양한 맛이나 재료의 차이를 즐길 수 있어 좋았다고 말해 주신다면 고마울 따름입니다.

　졸렬한 책이라 부끄럽기 그지없지만, 이 책을 다다 히로시 선생님과 에마뉘엘 레비나스 선생님께도 고마운 마음을 담아서 바칩니다.

아우름 05

배움은
어리석을수록 좋다

1판 1쇄 발행 2015년 4월 7일
1판 6쇄 발행 2019년 7월 10일

지은이 우치다 타츠루
옮긴이 박재현
펴낸이 김성구

단행본부 류현수 고혁 홍희정 현미나
디자인 이영민
제 작 신태섭
마케팅 최윤호 나길훈 김영욱
관 리 노신영

표지 디자인 NOSTRESS 민유경

펴낸곳 (주)샘터사
등 록 2001년 10월 15일 제1-2923호
주 소 서울시 종로구 창경궁로35길 26 2층 (03076)
전 화 02-763-8965(단행본부) 02-763-8966(마케팅부)
팩 스 02-3672-1873 **이메일** book@isamtoh.com **홈페이지** www.isamtoh.com

ISBN 978-89-464-1896-7 04110
ISBN 978-89-464-1885-1 04080(세트)

이 도서의 국립중앙도서관 출판시도서목록(CIP)은 e-CIP 홈페이지
(http://www.nl.go.kr/cip.php)에서 이용하실 수 있습니다. (CIP제어번호: CIP2015009594)

값은 뒤표지에 있습니다.
잘못 만들어진 책은 구입처에서 교환해드립니다.